CLÁSICOS DE LA VIDA CRISTIANA

GRACIA

ABUNDANTE EN LA VIDA DEL CREYENTE

CHARLES SPURGEON

Compilado y editado por ROBERT HALL

CLÁSICOS DE LA VIDA CRISTIANA

GRACIA

ABUNDANTE EN LA VIDA DEL CREYENTE

CHARLES SPURGEON

Compilado y editado por ROBERT HALL

EDITORIAL JUCUM

P.O. BOX 1138 TYLER, TX 75710-1138

Editorial JUCUM forma parte de Juventud con una Misión, una organización de carácter internacional.

Si desea un catálogo gratuito de nuestros libros y otros productos, solicítelo por escrito o por teléfono a:

Editorial JUCUM
P.O. Box 1138, Tyler, TX 75710-1138 U.S.A.
E-Mail: info@editorialjucum.com
Teléfono: (903) 882-4725
www.editorialjucum.com

Gracia abundante en la vida del creyente, Compilado y editado por Robert Hall

Versión Castellana: Antonio Pérez
Editado por: Miguel Peñaloza
Publicado por Editorial JUCUM
P.O. Box 1138, Tyler, TX 75710-1138 U.S.A.

Originalmente publicado en inglés con el título *Grace Abounding in a Believer's Life*

Publicado por Emerald Books
P.O. Box 635
Lynnwood, WA 98046

ISBN 978-1-57658-803-1

A menos que se especifique, los textos bíblicos aparecidos en este libro han sido tomados de la Santa Biblia: Reina Valera 1960.

Impreso en los Estados Unidos

Dedicado a:
Warren Walsh

«Hay amigos que
pretenden serlo,
pero hay amigo
más unido que un hermano».

Acerca del editor

ROBERT HALL es el seudónimo de Lance Wubbels, gerente y editor de Bethany House Publishers. Se interesó por la obra de Charles Spurgeon al iniciar una investigación para un proyecto editorial que requería la lectura dilatada de sus sermones. Descubrió un gran caudal de sermones clásicos, llenos de discernimiento práctico, bíblico, para todo creyente, escritos en un estilo perenne que los hace tan relevantes hoy como cuando fueron predicados. El editor ha seleccionado y presentado los escritos de Spurgeon para atraer a un amplio círculo de lectores, de suerte que uno de los grandes predicadores de todos los tiempos siga enriqueciendo la vida de muchos creyentes.

Acerca del autor

CHARLES HADDON SPURGEON (1834-1892), británico notable, conocido en su juventud como el «Predicador de los pantanos», fue uno de los predicadores más grandes de todos los tiempos. Fue pastor de una floreciente congregación rural hasta que en 1854 aceptó una invitación para pastorear la capilla londinense de New Park Street. Este edificio pronto se quedó pequeño, por lo que en 1859 se inició la construcción del Tabernáculo Metropolitano. Mientras tanto sus sermones semanales se imprimían y se vendían ampliamente —25.000 copias por semana en 1865—, y se traducían a más de veinte idiomas.

Spurgeon edificó el Tabernáculo Metropolitano hasta tener más de 6.000 fieles, y después sumó más de 14.000 miembros durante sus treinta y ocho años de ministerio en Londres. Con una voz clara, dominio del idioma, extenso conocimiento bíblico y amor profundo y sincero a Cristo, Spurgeon se convirtió en uno de los predicadores más notables de la historia. Se han conservado la friolera de 3.561 sermones suyos en sesenta y tres volúmenes, *New Park Street Pulpit y Tabernáculo Metropolitano*, de los que fueron seleccionados y editados los capítulos de este libro.

Se estima que Spurgeon predicó durante su vida a 10 millones de personas. Sigue siendo el predicador más leído de la historia. Hay más material suyo escrito, disponible, que de ningún otro autor cristiano, vivo o muerto. Sus sesenta y tres volúmenes de sermones destacan como la mayor colección de libros de un solo autor en la historia del cristianismo, y equivalen a veintisiete volúmenes de la novena edición de la *Enciclopedia Británica*.

Índice

Introducción

Los elogios a los sermones de Charles Spurgeon son casi interminables. Es un legado de predicaciones que jamás podrá ser olvidado y tal vez nunca superado. Considerado por sus pares «Príncipe de los predicadores», Charles Spurgeon destacará por largos años como el epítome de la maestría en el púlpito. Joseph Parker, otro famoso predicador londinense, escribió: «La carrera del señor Spurgeon ha demostrado que la enseñanza evangélica puede atraer hacia sí la mayor congregación del mundo, y mantenerla por un tiempo... La gran voz ha cesado. Fue la voz más potente que jamás escuché».

Spurgeon convirtió el Tabernáculo Metropolitano en una de las congregaciones independientes más numerosas del siglo XIX. Durante sus notables treinta y ocho años de ministerio, su apasionada exposición bíblica transformó la vida de miles de oyentes respondiendo a las necesidades más profundas del corazón humano. Y en el fondo del mensaje de Spurgeon siempre estaba la abundante gracia de Dios. Esta fue la doctrina central en torno a la que giraron su mensaje y su ministerio. Un ejemplo de lo que dijo nos permitirá saborear la inspiración de la que bebió:

> La misericordia del corazón de Dios significa una sincera compasión, un cordial deleite en la misericordia. La remisión de los pecados es un negocio en el que el Señor pone todo su corazón. Él perdona con intensidad de voluntad y disposición de alma. Dios hizo los cielos y la tierra con sus dedos, pero entregó a su Hijo su corazón para salvar a los pecadores. El Dios Eterno ha empeñado toda su alma en el negocio de la redención de los hombres. El que desee contemplar la piedad divina, lo ha de hacer desde el perdón del pecado humano. Si usted desea leer el carácter de Dios escrito en letras mayúsculas, debe estudiar la visitación de su amor en la persona de su querido Hijo y en todas las obras maravillosas de gracia infinita que nacen de Él. ¡Es un hermoso panorama para contemplar!

Sí, la gracia de Dios causa asombro y admiración y es, al parecer, muy simple. «Gracia y paz a vosotros, de Dios nuestro Padre y del Señor Jesucristo», fue la bendición apostólica que se repite en las epístolas y que ha permanecido a lo largo de los siglos como latido fundamental del evangelio cristiano. La gracia es el favor divino inmerecido, indebido, que limpia por sí sola al pecador del pecado y la culpa. La gracia anuncia al hombre que, a pesar de la verdad acerca de su persona, Dios aún le mira amorosamente.

No obstante, la historia y la experiencia personal cristianas han demostrado que la gracia de Dios es a menudo víctima de legalismo religioso. Como uno de los principales adalides de la iglesia, en relación con el papel que desempeña la gracia en la vida del creyente, son reveladoras las palabras de Martín Lutero: «El artículo de la justificación es frágil. No en sí mismo, por supuesto, sino en nosotros. Sé cuán pronto puede una persona olvidar el gozo del Evangelio. Sé en qué lugares resbaladizos aun los que parecen tener un buen asidero en asuntos de fe, en medio del conflicto, cuando debiéramos consolarnos con el evangelio, la ley levanta la cabeza y empieza a hacer estragos sobre nuestra conciencia. Digo que el evangelio es frágil porque nosotros somos frágiles».

Cuando Lutero y los reformadores europeos portaron la antorcha de la libertad contra los legalistas de su tiempo, la gracia fue el grito de guerra. Fueron odiados por la iglesia y calificados de herejes. Cuando el avivamiento del siglo XVIII y principios del XIX se extendió por Gran Bretaña y Estados Unidos, volvió a ser la gracia la que marcó la pauta en las fogosas predicaciones de Wesley, Edwards, Whitefield y otros portavoces de Dios.

En nuestros días, la necesidad del mensaje de la gracia es igual de urgente. Charles Swindoll, uno de los grandes líderes cristianos de nuestro tiempo escribe:

> Apenas transcurre un solo día en el que no se me recuerde la necesidad de un libro que enaltezca la plena extensión de la gracia, que conceda a la gente permiso para ser libre, absolutamente libre en Cristo. ¿Por qué? Porque son muy pocos. Atados y esposados por listas legalistas con cosas que hacer y dejar de hacer, intimidados e inmovilizados por exigencias y expectativas ajenas, demasiados miembros de la familia de Dios sólo existen en el estricto radio de las ligaduras dictadas por los que se han erigido a sí mismos en

> jueces y jurados nuestros. Por mucho tiempo hemos vivido como ciervos asustadizos en la restrictiva espesura de normas negativas. Llevamos mucho tiempo sometidos a los religiosos reyes de la montaña respecto a lo que hemos y no hemos de hacer. Hace tiempo que estamos dormidos mientras que en nuestro derredor los asesinos de la gracia perpetran su siniestra obra nocturna. ¡No más! Es tiempo de despertar. El alba resplandece con la gracia.

Confío que este destacado volumen de mensajes de Charles Spurgeon hagan por usted exactamente lo que desea Swindoll: le den permiso para ser libre, absolutamente libre en Cristo. La gracia que invita a un hombre a seguir a Jesucristo cuesta al individuo su vida, pero le da la única vida verdadera. Es la puerta al discipulado y al gozo por el cual Cristo entregó su vida en la cruz. ¡Qué tragedia es no experimentar la gracia de Dios en su plenitud o experimentarla sólo de forma parcial!

Le invito a leer estos doce capítulos escogidos sobre la fe con la misma atención que concedería a un pastor experimentado, como lo era Spurgeon. No hay nada especulativo acerca de su enseñanza; sólo verdad sólida como la roca. Spurgeon le visitará dondequiera que viva y no le decepcionará.

Una esmerada edición ha contribuido a ajustar el enfoque de estos sermones y a preservar el sabor auténtico e imperecedero que encierran.

Dios concede su gracia en el sentido más enfático. No se siente obligado a ser misericordioso por la exigencia de nuestras demandas, pero a menudo suele dar a los que no le han pedido nada: «Fui buscado por los que no preguntaban por mí» (Isa. 65:1). Llama en su divino poder a los que antes no estaban dispuestos a venir a Él. Piense en el caso de Saulo de Tarso quien recibió luz y gracia, que fue sorprendido cuando iba en persecución de los cristianos. Dios concede su gracia de forma tan gratuita como el sol ilumina la tierra con su luz. ¡Cuán espléndidamente visita el sol la pequeña flor que ofrece su corola para henchirse con sus rayos! ¡Cómo se asoma al claro del bosque mientras que junto al arroyo el helecho prefiere la sombra! Ya sea que la alondra se eleve para encontrarse con él o que el topo horade la tierra para escapar de su luz, el sol brilla igualmente. Llena los cielos e inunda la tierra con fulgor que difunde de manera natural. El Señor viene cumpliendo su promesa a los que le buscan, pero también, en su divina gracia, a los que no lo hacen.

Capítulo 1

Gracia por gracia

Y nosotros no hemos recibido el espíritu del mundo, sino el Espíritu que proviene de Dios, para que sepamos lo que Dios nos ha concedido —1 Corintios 2:12.

La historia de nuestra raza caída ha sido una sucesión de fracasos. Siempre que ha habido un avance aparente, ha seguido una gran debacle. Sumida en tinieblas cada vez más intensas, la mente humana parece resuelta a abalanzarse en su refriega tras una luz falsa. Cuando los hombres fueron necios, danzaron en un delirio de pecado. Cuando fueron prudentes, se entregaron a su propia sabiduría fantasmagórica, que reveló aún más su locura. La historia de la humanidad es un relato triste. Léala a la luz de la Palabra de Dios y sentirá quebranto.

La única esperanza que le quedaba al hombre es que Dios interviniera, y Él lo ha hecho como si comenzara una nueva creación o forjara una resurrección del reino de la muerte. Dios ha irrumpido en la historia de la humanidad y encendido una luz brillante. Donde Dios actúa con su gracia abundante el pecado es conquistado, comienza la esperanza y el bien se hace realidad. Esto es siempre el efecto notable de un amanecer en el curso natural de las cosas, de un producto sobrenatural que nunca habría sido posible en este pobre mundo si hubiera sido abandonado. La humanidad abandonada a su suerte es como una avalancha que se precipita por la inclinada ladera de una montaña. He aquí que Dios en Jesucristo se interpone, interviene para ser aplastado debajo de las rocas rodantes. Pero Él se levanta del espantoso entierro, detiene la terrible avalancha, rechaza la gigantesca masa y cambia el aspecto de la historia. En su divina intervención contemplamos y adoramos la todopoderosa gracia de Dios.

Observamos que en la intervención de su gracia omnipotente el Señor actúa para preservar su propia gloria. Él se cuida de que ninguna carne se gloríe en su presencia. Podría haber recurrido a la fuerza de su potencia, pero no lo hizo. Podría haber instruido al hombre con su propia sabiduría humana, pero no lo hizo. Podría haber declarado su evangelio con la excelencia de la elocuencia humana, pero no lo hizo. Rehusó la armadura de un rey y tomó por arma única la honda de un pastor. Él ha puesto su tesoro de la verdad no en el dorado jarrón del talento sino en vasijas de arcilla de mentes sencillas. Ha hecho que los hombres hablen de Él no bajo la fascinación del genio, sino movidos por su Espíritu Santo. El Señor de los ejércitos salvará a los hombres, pero no les concederá ni un centímetro cúbico de jactancia. Les concederá una salvación que les humille en el polvo y les induzca a reconocer que aparte de Él no hay nadie. «Jehová de los ejércitos lo decretó, para envilecer la soberbia de toda gloria, y para abatir a todos los ilustres de la tierra» (Isa. 23:9). La benigna intervención de Dios revela su soberanía, su sabiduría, su poder, su amor, su gracia, pero no revela nada a los hombres que admiten un solo pensamiento jactancioso.

El Señor ha actuado de forma consecuente con su carácter, con su intervención central exhibida en la cruz, cuando Jesús mostró el estilo de Jehová al revelar poder en la debilidad. Respecto a esto Pablo dijo: «Pues me propuse no saber entre vosotros cosa alguna sino a Jesucristo, y a éste crucificado» (1 Cor. 2:2). Él sabía que no había nada más que saber. El plan de la cruz es conquistar la muerte por la muerte, remover el pecado por la paciencia del castigo, actuar poderosamente mediante terrible sufrimiento, para glorificarse por la vergüenza. La cruz en la que murió Cristo fue abismo de vituperio y cenit de sufrimiento, pero también foco de la gracia interviniente de Dios. Él se glorificó en ella con muerte y vergüenza, no con honor y poder. El gran sacrificio abnegado de Dios es la gran victoria de la gracia. Es muy dulce pensar que todos los caminos de Dios para con los hombres armonizan con el estilo de la cruz y que ésta es el modelo del método continuo que usa el Señor para cumplir sus designios por la gracia, antes por medio de la debilidad que por la fuerza, antes por el sufrimiento que por el esplendor de su majestad.

Permítame añadir que la modalidad que Dios ha escogido se ajusta enteramente a la condición de aquellos a quienes salva. Si la salvación hubiera sido por excelencia humana, yo no podría haber sido salvo. Si el plan de salvación hubiera requerido algo en lo que un hombre pudiera justamente gloriarse, ¿cómo habría llegado a pecadores sin fuerza ni bondad? Tal evangelio no hubiera sido evangelio para nosotros, porque habría quedado lejos de nuestro alcance. Los planes de Dios son viables, se corresponden con la debilidad de nuestra naturaleza caída. En Cristo, Él se acerca al hombre herido donde está y no le pide recorrer parte del camino hundido en una condición de desmayo y desfallecimiento.

Es para mí una tarea deliciosa exponer ante usted la prodigiosa liberalidad de la gracia de Dios, que es una puerta abierta que se puede franquear audazmente. El versículo que analizaremos, en Primera de Corintios, habla de los dones que Dios nos ha concedido gratuitamente, de la manera en que podemos recibirlos, y de cómo podemos llegar a conocer su excelencia y su valor. Estas tres cosas nos muestran que todo es de gracia —dado, recibido y entendido por gracia—. «La gracia reina» y solo la gracia.

Las cosas de Dios son gratuitamente concedidas

Todas las bendiciones de la salvación son un regalo. Todo lo que procede de nuestro Señor Jesús para salvar y santificar a los hombres es un regalo. No se nos pide, en modo alguno, que acudamos con un precio a Dios por el cual comprar nuestro perdón, justificación o vida eterna. Aunque se insinúa por un instante la idea de adquisición, es sólo para mostrar claramente la gratuidad de la bendición. «A todos los sedientos: Venid a las aguas; y los que no tienen dinero, venid, comprad y comed. Venid, comprad sin dinero y sin precio, vino y leche» (Isa. 55:1). Dios concede gratuitamente su gracia, no esperando nada a cambio; tan sólo que recibamos gratis lo que Él nos otorga con liberalidad. No recurra a su cuenta bancaria, ya que el dinero no sirve para comprar la salvación. Desista en indagar en su carácter o resoluciones para obtener una pequeña recomendación. Ni la moneda del rico ni la del fariseo es aquí divisa válida. La gracia gratuita de Dios sería insultada si se ofreciera en subasta o se pusiera a la venta. «La dádiva de Dios es vida eterna en Cristo Jesús Señor nuestro» (Rom. 6:23).

Es un regalo y no un premio. Hay premios celestiales a los que aspirar, por los que luchar, y que se pueden obtener con la ayuda divina. Hay una recompensa que debemos esperar y una corona por la que hemos de esforzarnos, pero la gracia que perdona el pecado y hace posible la fe no es premio a ningún esfuerzo, sino regalo dedicado a los que no tienen fuerza. «Así que no depende del que quiere, ni del que corre, sino de Dios que tiene misericordia» (Rom. 9:16). Jehová tendrá misericordia del que tenga misericordia conforme al beneplácito de Su voluntad. La salvación no está garantizada a los hombres como consecuencia de lo que son, o hacen, o resuelven hacer, sino que es un don inmerecido del cielo. Si fuera por obras, no sería por gracia; pero es por fe, para que pueda ser exclusivamente por gracia.

Las bendiciones de la salvación son gratuitamente *concedidas* por Dios; por tanto, no son préstamo temporal que haya que devolver un día. La herencia divina no da en arrendamiento ni está sujeta a condiciones de pago anual. Es una propiedad libre de gravámenes y de cargas para todo hombre que ha puesto por fe su pie sobre ella. Cuando Dios otorga la salvación, la escritura de donación está sellada y jamás puede ser revocada. Si su pecado ha sido borrado, no se puede rescribir. Dios ha declarado que ha perdonado nuestra transgresión, y después añade: «Y nunca más me acordaré de sus pecados y transgresiones» (Heb. 10:17). No cabe juego alguno por lo que respecta al amor eterno de Dios y sus hechos gloriosos. Si usted tiene a Dios, le tiene como posesión eterna de la que nadie le puede privar. Las cosas de Dios son regalos sin condiciones legales anexas que obliguen a pagar por su posesión como si no fueran un don absoluto. Las bendiciones de perdón, justificación, y vida eterna son regalos sin ningún «si» condicional, en esencia, que los torne inciertos. No, el regalo de Dios es «vida eterna».

Las bendiciones de la salvación son dones *de Dios*. Cada parte de la salvación es en grado sumo precioso porque viene de Dios. Es don del Rey celestial, regalo del Soberano Todopoderoso, cuya mano hace que el don sea incalculable. Lo que su padre le concedió, preservelo, porque hay santidad en el don del amor. Pero estime lo que Dios le haya concedido más que ninguna otra cosa. Su toque ha perfumado el don con inefable fragancia. Aprecie cada parte de la obra de la gracia porque viene de Dios y conduce a Dios. Los dones de Dios son siempre valiosos para el dador. Sus dones son oro sólido y tesoro perenne. Los dones de la divina gracia llevan impreso el sello de calidad divina. Su gracia es como el resto de su naturaleza. ¡Qué bendición es el haber sido divinamente perdonado y justificado! « ¿Quién acusará a los escogidos de Dios? Dios es el que justifica. ¿Quién es el que condenará?» (Rom. 8:33-34). Jehová es su fortaleza y su canción. Y también ha venido a ser su salvación.

Me gusta pensar en toda bendición de gracia que he recibido de Dios porque cada misericordia anuncia más. Dios es inmutable y, por tanto, lo que ha dado lo volverá a dar. El arroyo que ha comenzado a fluir nunca cesará. Cuanto más da Dios, más cabe esperar de Él. A medida que llega cada misericordia hace sitio para otra más grande, como el delgado extremo de una cuña abre camino a una porción más ancha. Juan Bunyan dijo que las flores de Dios florecen el doble: no sólo florecen el doble, sino el séptuple. Por tanto, cobre ánimo. La menor cosa que Dios da gratuitamente arrastra tras sí una cadena interminable de eslabones de amor más que dorados. La simiente de la salvación, gloria y vida eterna es pequeña como un grano de mostaza, pero el que la tiene ha recibido lo que ni la tierra ni el cielo puede plenamente contener. ¡Qué misericordia es una sola merced!

Piense en la palabra *gratuitamente*: en «las cosas que Dios nos ha dado gratuitamente». Estas palabras son dulces para los que aún no han hallado la gracia y música para los que la han hallado y la están disfrutando. A buen seguro, habría bastado con decir «dado», pero ese «gratuitamente» adicional tiene por objeto hacer que su significado sea doblemente sencillo. Cuando decimos «gracia», no hay necesidad de añadir gracia *gratuita*, ¿no es cierto? No obstante, hay personas que serían sordas de conveniencia, si pudieran. Por eso está escrito para que nadie mal entienda, aunque lo intenten.

¿Cómo ha sido concedida gratuitamente la salvación? Procede de Dios sin compulsión. Nadie puede forzar la misericordia de Dios, y —bendito sea su nombre— no hay necesidad de tal cosa. Dios la concede tan magnánimamente que es sin persuasión. Él nunca fue persuadido a ser misericordioso. Está dispuesto a perdonar y su gracia nos persuade a aceptar su misericordia. La oración no logra que el corazón de Dios se vuelva hacia nosotros para amarnos, sino prueba que nos estamos volviendo a Él para amarle. No hay que convencer a un Dios renuente a que adopte la disposición de perdonar. La conversión se produce en nuestra voluntad, no en la suya: «Se deleita en misericordia» (Miq. 7:18). La fuente del amor divino derrama sus torrentes de gracia en todo tiempo sin presión. No hay necesidad de pisar las uvas de la misericordia para extraer su dulce mosto.

La gracia de Dios es tan magnánima en sus dones que éstos llegan sin insinuación. Un hombre puede ser generoso, no obstante, puede necesitar que se le recuerde ayudar al necesitado. Nadie ha incitado la gracia de Dios. De su propio corazón ha surgido el pensamiento por sí mismo. Los dones de su gracia forman parte de su propósito eterno, desde la antigüedad, y por su buena voluntad. Nos instruye espontáneamente a orar por los dones que Él se ha propuesto concedernos desde el principio. Nuestra oración sólo prueba que nos ha instruido. Él da liberalmente en el sentido de absoluta espontaneidad.

También da sin queja ni reproche. A veces se oye decir: «Bueno, supongo que debo dar algo». Dan como si se privaran de algo con dolor. Los dedos de un hombre pueden temblar y aferrarse a la moneda de la que se van a desprender tan enérgicamente como si se tratara de un diente. Uno duda que la imagen de la moneda no quede impresa en los dedos del hombre después de apretarla de tal modo. Pero el Señor da con largueza de corazón, sin rastro de desgana. Incluso el don incalculable de su Hijo fue entregado gratuitamente. Jamás hay una queja en la mente del Señor hacia los que más le piden y con mayor frecuencia. «Y si alguno de vosotros tiene falta de sabiduría, pídala a Dios, el cual da a todos abundantemente y sin reproche, y le será dada» (Santiago 1:5). Muchos que dan a otros aprovechan la oportunidad de echárselo en cara diciendo: «Debes haber sido derrochador y perezoso para requerir mi ayuda». Dios da con liberalidad y no añade tristeza a los que humildemente procuran recibir de su mano. ¡Oh!, ¡qué esplendorosa es la generosidad de Dios! Él está listo para salvar, librar, conceder su bondad. El precio fue abonado hace mucho en el árbol del Calvario, ya fue satisfecho. Todo lo que viene es concedido gratuitamente.

Usamos la palabra gratuitamente en el sentido de abundantemente. La gracia gratuita no se limita con cálculos ni se ciñe a las estimaciones del solicitante. El Señor provee más de lo que pide la necesidad. Las migajas de la mesa del Señor bastarían para alimentar a las multitudes. El Señor no da el Espíritu Santo por medida (Juan 3:34). Cuanta más gracia puede uno absorber tanto más se agrada el Señor de él. Su capacidad tocará a su fin mucho antes de que se acaben las provisiones. El Señor desea que abra bien la boca y Él la llenará (Sal. 81:10). Es más fácil para Él dar que para usted abrir la boca. Él le anima y aun le exige ir con grandes peticiones cada vez que se presenta ante el trono de misericordia. Venga y reciba «las cosas que nos son gratuitamente concedidas por Dios».

Dios concede su gracia en el sentido más enfático. No se siente obligado a ser misericordioso por la exigencia de nuestras demandas, pero a menudo suele dar a los que no le han pedido nada: «Fui buscado por los que no preguntaban por mí» (Isa. 65:1). Llama en su divino poder a los que antes no estaban dispuestos a venir a Él. Piense en el caso de Saulo de Tarso quien recibió luz y gracia, que fue sorprendido cuando iba en persecución de los cristianos. Dios concede su gracia de forma tan gratuita como el sol ilumina la tierra con su luz. ¡Cuán espléndidamente visita el sol la pequeña flor que ofrece su corola para henchirse con sus rayos! ¡Cómo se asoma al claro del bosque mientras que junto al arroyo el helecho prefiere la sombra! Ya sea que la alondra se eleve para encontrarse con él o que el topo horade la tierra para escapar de su luz, el sol brilla igualmente. Llena los cielos e inunda la tierra con fulgor que difunde de manera natural. El Señor viene cumpliendo su promesa a los que le buscan, pero también, en su divina gracia, a los que no lo hacen.

Ahora bien, ¿qué cosas son esas que Dios nos da sin reserva? Son completamente inconmensurables. ¿Se lo digo en una sola palabra? DIOS. Dios nos da a Dios. Dios el Padre se da a sí mismo a los indignos hijos de los hombres. Él se hace su Padre y su amigo. Les concede su sabiduría, su poder, su amor, su inmutabilidad. Él se da a Sí mismo a ellos por posesión sempiterna. Les da su paternidad en adopción y les otorga filiación, para que puedan exclamar: «Padre nuestro, que estás en el cielo». Les concede perdón y aceptación. Responde a sus oraciones de diez mil maneras distintas. Les da su providencia para guiarles y conducirles. Les da todo lo que necesitan para esta vida, y después les da consigo mismo una herencia inmarcesible en el mundo venidero. Él que nos dio a Jesús también nos da abundantemente todas las cosas (Rom. 8:32).

El Hijo de Dios también se da a sí mismo. «El cual me amó y se entregó a sí mismo por mí» (Gál. 2:20). «Quien llevó él mismo nuestros pecados en su cuerpo sobre el madero» (1 Pe. 2:24). Jesús da a su pueblo su sangre para lavar sus pecados, su justicia para cubrirles de belleza, su intercesión para rogar por su causa y su entronización para asegurar su victoria. Proporciona su cuidado amoroso para prepararles un lugar en el cielo. Ofrece su resurrección para levantarles de la tumba, y su unión con ellos para preservarles en los peligros de la vida. Estamos casados con Él, por tanto, nos entrega generosamente su corazón para amarnos. Concede incluso su corona, su trono y su cielo sin reservas a sus escogidos. ¡Qué regalo de gracia! «Porque de tal manera amó Dios al mundo, que ha dado a su Hijo unigénito» (Juan 3:16). ¡Él es el don inefable de Dios!

El Espíritu Santo también se entrega gratuitamente a nosotros. Él es Espíritu noble y generoso (Sal. 51:12), y nunca lo es más que cuando se entrega a Sí mismo para alumbrar, despertar, convertir, consolar y santificar a su pueblo. Nos conduce al arrepentimiento y la fe. Nos conduce al conocimiento y la santidad. Nos preserva y nos conforma perfectamente a la imagen de Cristo.

Todas las cosas son suyas, todas ellas son dones de Dios. Y si el apóstol Pablo pudo hablar de estas cosas como regalos, usted y yo podemos aceptar de buena gana los tesoros incalculables en las mismas condiciones. Puede que sea un lenguaje sencillo, ¡pero el mensaje es sublime!

El poder para recibir estos dones es también concedido gratuitamente

Así pues, ¿cómo apropiarnos de estas bendiciones? El texto afirma que «hemos recibido el Espíritu que proviene de Dios». El poder con que recibimos estos dones es el poder del Espíritu Santo. Y también éste, no lo adquirimos ni lo merecemos, sino que lo recibimos gratis.

El poder para asirse de Cristo no estriba en la fortaleza o bondad de nuestra naturaleza. Nuestro estado es un estado de muerte, y la muerte no puede empuñar la vida. Dios el Espíritu Santo debe soplar vida en nosotros antes de levantarnos de la tumba de nuestra depravación natural y aferrarnos a Cristo. «El hombre natural no percibe las cosas que son del Espíritu de Dios» (1 Cor. 2:14). El reino de Dios no se puede ver en la naturaleza humana irredenta.

El poder para recibir las cosas de Dios no estriba en dones o logros especiales. El genio no sirve de ayuda para obtener la gracia. En realidad, el gran talento y el aprendizaje suelen desviarse del camino por donde la humildad viaja fácilmente. Pablo resalta enfáticamente este punto: «Pues mirad, hermanos, vuestra vocación, que no sois muchos sabios según la carne, ni muchos poderosos, ni muchos nobles» (1 Co. 1:26). El poder para recibir las bendiciones de Dios no estriba en absoluto en el talento, sino en el Espíritu de Dios. Usted piensa que si tuviera una mano larga podría alcanzar la gracia de Dios. No es así, sino que si tuviera una mano seca, la gracia podría alcanzarle. La gracia no está asociada al raro don de la genialidad ni a las preciosas adquisiciones de la experiencia. Ni a los altos logros del conocimiento. El poder para recibir sigue siendo del Espíritu Santo, y el Espíritu Santo no halla bien en nosotros, pero nos lo trae. Una persona puede sufrir grandemente de culpa y temor al castigo antes de aferrarse a Cristo, pero eso no le hace ganarle. El hombre herido no es restaurado por sus dolores, y el hambriento no es alimentado por su hambruna. El poder para asirse a Cristo es un poder espiritual que ha de ser dado del cielo. Ningún proceso disciplinario, educativo o evolucionista puede capacitar a un hombre para apropiarse de las cosas de Dios. El hombre debe nacer de lo alto y su corazón debe estar abierto para recibir la gracia de Dios.

El poder receptivo *no es conferido por entusiasmo humano* ni por la fuerza retórica del predicador a quien escucha el oyente. Aparte de sí la idea de que podría creer si tan sólo oyera a cierto predicador. Nunca creerá en Él si busca en sí mismo o en otra persona el poder para creer. La misma verdad —y el Espíritu que puede aclarársela— es quien le guiará a apreciar cuán digno es su Salvador de su confianza.

El Espíritu Santo puede capacitarle para recibir todos los dones de Dios. Sentirá la suave y dulce influencia del arrepentimiento reducirle a lágrimas por causa del pecado. Sentirá que algo le dice que en Cristo está precisamente lo que desea, y que en su corazón se forma una resolución: «Lo tendré si puede ser obtenido». Entonces tomará una decisión solemne en esta hora: «Lo tendré *ahora*». Miraré a la cruz y al que de ella fue colgado y a Él confiaré el peso de mi alma. Puede que no sepa en ese momento que el poder moviente es el Espíritu Santo, mas ningún otro opera esto en nosotros sino Él. Tal vez no oigamos la voz del Espíritu o no reconozcamos su persona en ese momento, pero el vaciarse de sí mismo y el ser conducido a aceptar las cosas que Dios nos da con liberalidad son claramente obra de Dios.

Recuerde que hay Espíritu de Dios y hay espíritu del mundo. El espíritu del mundo está activo en todas partes y obra maldad contra los creyentes. Solo el Espíritu de Dios le puede salvar. El espíritu del mundo arruinará a todos los que a él se entregan. Manténgase alejado todo lo posible del espíritu del mundo, ya que su influencia pestilente le perjudicará. Tenga presente que el mundo religioso es, con creces, más peligroso que el mundo sensual. Los hombres profesan la religión, y sin embargo, astutamente, la socavan. La religión viste la piel de cordero, pero esconde toda la fiereza del lobo. No se entrometa con lo que sea dudoso. Si quiere hallar la vida eterna acuda donde actúe el Espíritu de Dios. Indague en las Escrituras y oiga la verdad de Dios por medio de la cual el Espíritu Santo normalmente opera. Y asóciese con aquellos en los que habita el Espíritu de Dios. Escuche la predicación y la enseñanza que proceden de Dios, porque sólo ellas le conducirán a Él. Cuídese de los que profesan piedad pero están manchados con el espíritu del mundo. Siga el Espíritu verdadero porque al hacerlo hallará las cosas de Dios.

El conocimiento de estas cosas es dado gratuitamente

El conocimiento de las cosas gratuitamente concedidas por Dios es comunicado a la mente por la revelación contenida en las Escrituras inspiradas. Estos escritos sagrados están abiertos a todos y todos son invitados a escrutarlos. Lea la Palabra de Dios y conocerá al pie de la letra los dones gratuitos de Dios para los hombres. Pero este conocimiento salvador no se recibe simplemente mediante la lectura o la enseñanza de la verdad. La mente aprende por naturaleza, pero el corazón debe aprender por gracia. La manera de conocer las cosas de Dios es que lo escrito en su Palabra se escriba también en el corazón por el mismo Espíritu que lo escribió en el libro. El entendimiento requiere la apropiación de la fe para comprender. Un disfrute experimental crea verdadero conocimiento. Acuda al Espíritu Santo y pídale que le habilite para recibir las cosas que Dios da gratuitamente.

Si usted desea saber más de la infinita preciosidad de los dones de Dios, tendrá sabia ambición que será plena y gratuitamente satisfecha por el Espíritu Santo. Acuda a Él, porque es el mejor Maestro. Su conocimiento sobrepasa el de todos, ya que Él conoce la mente de Dios. Ningún hombre puede comunicar lo que no sabe y ningún hombre conoce la mente de Dios sino el Espíritu de Dios. El Espíritu le puede revelar en cada don de la gracia el pensar y el sentir de Dios. Nadie es jamás enseñado efectivamente si no es por el Espíritu. Toda otra enseñanza es superficial y, por tanto, vana y temporal. Pero el Espíritu Santo habla al alma y escribe renglones de verdad sobre las tablas de carne del corazón para que nunca puedan ser borradas. Sólo el Espíritu Santo puede guiarle al secreto interior de la casa del tesoro sagrado.

Por la misma ayuda divina usted debe ser habilitado para alimentarse de estas cosas selectas y disfrutarlas plenamente. Las cosas de Dios son mejor conocidas si se disfrutan personalmente. Cuando uno se alimenta de la Escritura y extrae el jugo de una promesa divina, el Señor le permite conocer gratuitamente las bendiciones de su pacto. Que el Espíritu Santo alumbre sus ojos y sustente su corazón para contemplar el trono de gracia y toda la gloria del Señor su Dios.

Acuda a este instituto celestial. La condición es que no hay «nada que pagar», aunque su enseñanza sea superior a todas. Es una bendita escuela en la que los pecadores se hacen santos, y los santos crecen en la semejanza de Jesús. La vida eterna es don de Dios en su primer aliento y aún don de Dios en su máximo desarrollo. Cuando usted comparezca ante el trono del Altísimo, lo hará únicamente por gracia. Todo el camino, desde el abismo del pecado hasta la puerta del cielo, está pavimentado con gracia. No se recibe al principio gratis y se vive después con arreglo a un salario duramente conseguido. No. Él sigue trabajando en nosotros tanto el querer como el hacer, y nosotros trabajamos amorosamente bajo su guía divina fortalecidos por su divino poder (Fil. 2:12-13).

Aprenda de estas cosas para *ser humilde*. Si sabe algo, le ha sido enseñado. Si posee algo, le ha sido concedido. Usted es hijo de la caridad. Un santo orgulloso es un contrasentido: «Dios resiste a los soberbios, y da gracia a los humildes» (Sant. 4:6).

Después, *sea generoso*. No puedo creer en un santo tacaño. He aquí otra contradicción en términos: «De gracia recibisteis, dad de gracia» (Mat. 10:8). El que busca la moneda más pequeña que puede ofrecer antes de darla es una pobre criatura. El hijo de Dios debe ser dadivoso. Debería entregarse a sí mismo porque Jesús se entregó por nosotros. Usted debe ser magnánimo porque sirve a un Cristo magnánimo.

Después, *debe estar dispuesto a impartir lo que sabe*. Si el Espíritu de Dios le ha hecho saber las cosas gratuitas de Dios, procure contárselas a otros. No actúe como si tuviera una patente o monopolio y quisiera que la gracia sea un secreto. No tiene el don de Dios si no desea que otros lo compartan. Si no tiene deseo de llevar a otros al cielo, tampoco irá usted allí.

Intente impartir este conocimiento de la manera en que usted lo recibió: por el Espíritu Santo. Luego vaya y enséñelo en el poder del Espíritu de Dios. No atienda al poder del conocimiento, de la elocuencia o la experiencia humana, sino a la guía del Espíritu. Mejor son cinco palabras en el espíritu que una frase dilatada en su propio poder.

Si el Señor nos ha dado todas estas cosas gratuitamente, *alabémosle*. Es bueno dejar que el agua viva de la alabanza rompa las tuberías e inunde las calles. ¿Por qué poner las cosas tan difíciles al Señor hasta que tira de la cuerda para que hablen nuestras campanas? ¡Alabémosle por las riquezas de su gracia!

La gracia ha sido desplegada desde el principio en la cámara del gran consejo donde todos los atributos divinos se sentaron en solemne cónclave para deliberar en torno a una manera en la que Dios fuera glorificado. La Presciencia, como uno de los atributos de Dios, profetizó que el hombre, si creado falible, tristemente caería. La Justicia intervino entonces con voz atronadora y declaró que si el hombre caía, debía ser castigado. No obstante, la Gracia preguntó si no sería posible que el hombre fuera salvado y aun así satisfecha la justicia. La Infinita Sabiduría respondió la pregunta, y el mismo Hijo de Dios fue la respuesta. Él prometió que en la plenitud de los tiempos, se haría hijo por nosotros y llevaría todo el peso de la ira de Jehová, justamente merecida, por nuestra redención. Si bien los demás atributos se mostraron en la cámara del concilio, cuando nuestra alma reverente osa aventurarse en la que antes fuera secreta, pero ahora voluntad revelada del Altísimo, somos compelidos a admirar todos los atributos de Dios, pero sobre todo su gracia. Me parece que en esa reunión presidió la gracia, que ésta presidió la redención del hombre, que la gracia inspiró a la sabiduría, que la gracia defendió al hombre cuando la justicia podía haberle declarado culpable. La gracia fue nuestro abogado. Cristo Jesús, quien es la misma gracia, se levantó hace mucho como Maravilloso Consejero, concibió su plan, defendió nuestra causa, y prometió llevarla a efecto. La gloria de la gracia, sentada con su corona en la cabeza, en la cámara del concilio de la eternidad, es asunto digno de su devota reflexión y tranquila meditación.

Capítulo 2

La gloria de la gracia

La gloria de su gracia —Efesios 1:6.

Dios es esencialmente glorioso. Aunque no hubiera ojos que le contemplaran, ni labios que declararan su alabanza, ni criaturas inteligentes que le obedecieran, sería infinitamente glorioso en sí mismo. Sin embargo, Él ha escogido exhibir su gloria para recibir alabanza de corazón de seres inteligentes, quienes, al contemplar la variedad y las portentosas manifestaciones de las abundantes riquezas de su gracia, se sientan impelidos a glorificarle con gozo y gratitud. También, en el sentido de la gloria que le es dada, Dios es glorioso. Él es admirado, amado y adorado.

Todo atributo de Dios tiene su gloria, no sólo en su esencia; también mediante la exhibición de sí mismo. El poder de Dios es glorioso en las obras de sus manos. Su destreza, su sabiduría, su benevolencia —todas ellas se divisan en las obras de la naturaleza que se topan con nuestros ojos cada día—. La justicia de Dios es gloriosa, y a veces temblamos al pensar cuán pavorosamente gloriosa es en el ínfimo abismo del infierno. Pero lo que me propongo aquí es magnificar «la gloria de su gracia». La gracia de Dios es en sí misma gloriosa y realmente da gloria a todos sus atributos. Cuando Dios glorifica su gracia, glorifica todo su carácter. La gracia se convierte en una plataforma sobre la que se exhiben todas las perfecciones de la Deidad. Se convierte en una luz que brilla sobre el resto, y aunque suficientemente refulgentes en sí mismas, éstas parecen el doble brillantes cuando la gloria brilla en todo su esplendor.

La gloria de la divina gracia tal como ha sido exhibida

La gracia ha sido desplegada desde antiguo en la *cámara del gran consejo* donde todos los atributos divinos se sentaron en solemne cónclave para deliberar en torno a una manera en la que Dios fuera glorificado. La Presciencia, como uno de los atributos de Dios, profetizó que el hombre, si creado falible, tristemente caería. La Justicia intervino entonces con voz atronadora y declaró que si el hombre caía, debía ser castigado. No obstante, la Gracia preguntó si no sería posible que el hombre fuera salvado y aun así satisfecha la justicia. La Infinita Sabiduría respondió la pregunta, y el mismo Hijo de Dios fue la respuesta. Él prometió que en la plenitud de los tiempos, se haría hijo por nosotros y llevaría todo el peso de la ira de Jehová, justamente merecida, por nuestra redención. Si bien los demás atributos se mostraron en la cámara del concilio, cuando nuestra alma reverente osa aventurarse en la que antes fuera secreta, pero ahora voluntad revelada del Altísimo, somos compelidos a admirar todos los atributos de Dios, pero sobre todo su gracia. Me parece que en esa reunión presidió la gracia, que ésta presidió la redención del hombre, que la gracia inspiró a la sabiduría, que la gracia defendió al hombre cuando la justicia podía haberle declarado culpable. La gracia fue nuestro abogado. Cristo Jesús, quien es la misma gracia, se levantó hace mucho como Maravilloso Consejero, concibió su plan, defendió nuestra causa, y prometió llevarla a efecto. La gloria de la gracia, sentada con su corona en la cabeza, en la cámara del concilio de la eternidad, es asunto digno de su devota reflexión y tranquila meditación.

Pero el consejo ya se celebró y la gracia sale para ser glorificada de otro modo. Hoy *se glorifica a sí misma en sus dones*. Admírese de cómo la gracia da al hombre incontables bendiciones en número, de valor incalculable, esparciéndolas a lo largo del sendero como si fueran piedras preciosas. Pero cada una de ellas es tan valiosa que sólo el cielo conoce su valor. Finalmente, después de haber concedido a los hombres bendiciones a través de los siglos, la gracia sube al Calvario y allí da su todo, su don más grandioso. La gracia da al Hijo de Dios encarnado para morir. Él entrega su propia vida e inclina su cabeza en la cruz. Puede haber gran vergüenza e ignominia acerca de la cruz, pero mucha mayor gloria y majestad. Allí vemos la gracia en el corazón de Cristo moviéndole a salvar a otros mientras Él mismo no se puede salvar. Hablamos a la ligera de estos asuntos hoy, pero los ángeles jamás han hablado de este modo respecto a la gracia glorificada en la persona del moribundo Hijo de Dios. No pensamos tan ligeramente de la gracia cuando por primera vez vimos que era nuestro en el día de la salvación. Tampoco lo haremos cuando veamos su rostro cara a cara en el cielo. Entonces conoceremos la gracia maravillosa que hizo que su rostro glorioso se desfigurara de angustia e inclinara su gloriosa y divina cabeza en la profundidad de la tumba. La gracia en su forma más excelsa se ha de ver sobre el Calvario, pero creo que es mejor verla y sentirla que comentarla. Mi endeble pluma declina al llevar la carga de un tema tan grave. No puedo extender las alas de mi imaginación ni elevarme a la altura de su tremendo alegato. No puedo declarar adecuadamente las alabanzas de la gracia desplegada en la muerte del Hijo de Dios en el Calvario.

Desde entonces, usted ha tenido que glorificar la gracia en sus dones continuos. Ha hallado que «El que no escatimó ni a su propio Hijo, sino que lo entregó por todos nosotros, ¿cómo no nos dará también con él todas las cosas?» (Rom. 8:32). ¡Qué grandes deudores somos todos! ¡Somos fantasmas hundidos en un océano de deudas con Dios! Tome su pluma y escriba rápidamente todo lo que Él le ha otorgado. Podrá sentarse pronto, pero no se levantará en seguida, ya que la cantidad total nunca puede ser anotada. No hay balanzas para pesar estas ricas bendiciones. La tierra no tiene moneda para representar su valor. Debemos llegar a lo inconcebible antes de poder estimar lo infinito, el valor inefable de los dones que Jesucristo nos da continuamente por su gracia derramada.

Hablemos también de la *gracia en sus triunfos* al hablar de la «gloria de su gracia». Es una cosa extraña que el amor sea un guerrero y que la gracia pelee, pero cuando la gracia viene a bendecirnos nos halla faltos de ella. La puerta estaba cerrada cuando vino Jesús, aunque la mano y el corazón del hombre estuviesen abiertos. Jesús mismo abrió la puerta y forzó el pasaje al corazón de los hombres. Cuando la misericordia viene a bendecir, nos encuentra inclinados a la maldición. Rechazamos la misericordia y la gracia debe vencer a la voluntad. Sólo cuando la voluntad humana exenta de gracia es atada por cadenas de gracia soberana el hombre es bondadoso. Si existe el libre albedrío, Lutero dio en el blanco cuando dijo que era un esclavo. Sólo nuestra voluntad encadenada es verdaderamente libre. Cuando la voluntad es constreñida, se extiende a la libertad. Cuando la gracia la ata, entonces, y sólo entonces, es libre.

Piense en las batallas que la gracia ha librado con los hombres y la gloria que ha obtenido. En su caso y en el mío, ¡qué tenaz ha sido la lucha! Sin duda, recordará los días en que Jesús le halló por el camino y le llamó con amor, pero usted le escupió en el rostro, pasó de largo, y se burló del Crucificado. ¿Recuerda otra ocasión en que Él le envió los tenebrosos mensajeros de la enfermedad y la tristeza y usted yació sobre su lecho? Jesús volvió otra vez y usted le dirigió palabras que parecían verdaderas, pero no eran más que mentiras y palabras engañosas. Usted se volvió contra la pared y prometió arrepentirse, pero no se arrepintió y le dio de lado. Nunca trató a un amigo tan mal como le trató a Él. Pero la gracia le venció y le hizo cautivo. El hombre puede patalear y forcejear, pero en el tiempo de Dios será arrestado por la mano fuerte de la gracia soberana y transformado en un nuevo hombre en Cristo Jesús.

Al hablar de las victorias de la gracia, no debemos olvidar la multitud de triunfos que ha obtenido en cada alma. Si usted pudiese llevar en su cuerpo una marca por cada triunfo que la gracia ha conseguido en usted, y si cada marca fuera una alhaja, ¿no estaría cubierto de los pies a la cabeza? Considere luego que la gracia no ha vencido sólo en un hombre, sino en incontables miles de almas. La gracia ha viajado a todo país y toda clase de aposento y ganado sus trofeos. ¡Qué glorioso día será cuando Cristo irrumpa en el cielo con todos sus santos comprados por sangre y exclame: «¡Aquí estoy yo y los hijos que Tú me has dado! Aquí están los que he rescatado de las fauces del león y de las garras del oso. No falta ni uno de ellos. He triunfado sobre todos sus enemigos y los traigo seguros al descanso prometido». ¡Qué gloria tan excelsa la de la gracia!

La gloria de la divina gracia ha de verse más plenamente cuando el plan total de ésta se haya llevado a cabo. Ninguno de nosotros tiene una idea muy clara de lo que es el pleno designio de la gracia divina. Observo que el mundo presente persevera e insiste en su maldad. Me parece que la justicia es más exaltada que la gracia, porque multitudes descienden diariamente al infierno. Pero llegará una estación luciente en la que el Príncipe y Mesías se levantará por segunda vez entre los hijos de los hombres, y veremos que la gracia de Dios es tan prodigiosamente magnificada que nuestros pequeños corazones jamás han imaginado cuán grandiosa será la escena. Entonces retiñirá la tierra con su alabanza. Entonces miríadas de hombres y mujeres le conocerán. Entonces vendrán y se arrodillarán delante de Él y todos los pueblos le llamarán bienaventurado. Entonces enormes multitudes ensancharán el rollo de los escogidos en tan grandiosa medida que «una gran multitud, la cual nadie podía contar, de todas naciones y tribus y pueblos y lenguas, ...estaban delante del trono y en la presencia del Cordero» (Ap. 7:9). Aunque la puerta es estrecha y el camino recto, con todo, el número de los salvados y las canciones celestiales prevalecerán sobre todos los aullidos del infierno. Seremos levantados a vida eterna y a más que perfección, ya que nos será otorgada la semejanza misma del Hijo de Dios.

Las cualidades que distinguen la gracia

La gracia es gloriosa si consideramos su *antigüedad*. No es un remiendo en una prenda vieja. La gracia no es una alteración que añadiera Dios a su plan original. No es una añadidura que Dios hiciera al sobrevenir una catástrofe imprevista. Él previó la caída desde la eternidad, y cada iota del plan de la gracia fue diseñada desde el principio. Antes que el sol fuera creado, mucho antes de ocultarse en las brumas, antes que las estrellas conocieran sus órbitas y enviaran sus rayos de luz a través de la espesa tiniebla, mucho antes que las montañas conocieran su lugar o el agua fuera derramada en sus fuentes, Dios había escogido a su pueblo, había inclinado su amoroso corazón sobre ellos y concebido su plan. El pacto de la gracia es más antiguo que la cosa más antigua que exista. Todo lo creado no es sino un recién nacido, por muchos años que aparente. La gracia tiene blancas canas sobre su cabeza. Venerable en años es la gracia divina y su plan no es un nuevo capítulo de cuño moderno, sino que es tan viejo como la eternidad de Dios. ¡Oh bendita gracia, eres desde la eternidad hasta la eternidad!

La gloria de la gracia no sólo consiste en su antigüedad sino también en su *inmutabilidad*. La gracia de Dios nunca ha cambiado. Muchos ríos caudalosos se han secado, e incluso los mares han cambiado de cuenca. El sol altera y todo se deslustra con el tiempo, pero la gracia sigue manando como al principio. Su torrente es igual de profundo y su corriente tan impetuosa. No hay mengua en la gracia, como tampoco en Dios. La gracia discurre por un arroyo derecho que nunca ha tenido que serpentear. Las vasijas escogidas de la misericordia han sido lavadas en ese arroyo. No ha dejado a nadie de lado; ninguno ha sido más purificado por él que los escogidos de antiguo. No se debe permitir el pensamiento de que la gracia concedida hoy sea retirada mañana. Si la gracia fuera un don temporal, más tarde arrebatado, no podría imaginarme maldición más terrible. Antes preferiría morir como ese ángel caído, ese atroz pecador, Satán, que ser objeto del amor de Dios, si Él no me hubiera amado para siempre. Mejor sería que Dios no hubiese enviado evangelio si no hubiera enviado un evangelio eterno. Dar gracia para después quitarla sería el método más horrible de tormento jamás conocido. La gracia de Dios es grandemente magnificada en su inmutabilidad, así como en su antigüedad.

La gracia también obtiene gran gloria de su *liberalidad*. La gracia de Dios es tan gratuita como el aire que respiramos. Si alguien me pregunta si puede creer en Cristo, le respondo que no sólo puede, sino que es conminado a hacerlo. Y si es mandamiento de Dios creer en Jesucristo, quien ha sido enviado, un hombre es culpable de pecado cada momento que viva sin fe en Él. Nos es decretado; por tanto, podemos afirmar rotundamente que tenemos derecho a hacerlo, porque todo hombre tiene derecho a obedecer el mandato divino. Si se nos ordena, tenemos perfecto derecho a venir. El que nos manda acudir a la fiesta nos concede el único permiso necesario incluido en dicho mandato. ¡Ojalá que los hombres creyeran en la liberalidad de la divina gracia!

Yo predico la soberanía de la divina gracia y deseo predicarla con reverencia delante de Dios y con fidelidad al hombre. Pero el frescor de la gracia no es incongruente con su soberanía. Aunque nadie bebiera de esa fuente sagrada, sino sólo aquellos a quienes Dios constriñe dulcemente a hacerlo, si los hombres no beben, la falta recae sobre ellos, y su sangre será sobre sus cabezas para siempre. Pues el evangelio clama: «Ven... y el que quiera, tome del agua de la vida gratuitamente» (Ap. 22:17). La gracia de Dios es gratuita. No hacen falta preparativos para recibirla, porque Dios la concede incluso a los hombres que no preguntan por ella: «Fui buscado por los que no preguntaban de mí» (Isa. 65:1). Se le insta a acudir a Jesús tal cual es. La única barrera que hay entre Cristo y usted es su corazón depravado. Si tiene la voluntad, si Dios le concede la voluntad de acudir a Cristo, no hay nada que pueda impedirlo ni nada que pueda intimidarle. Una de las glorias de la gracia es su lozanía, pero demasiadas personas no aciertan a verla. La soberanía de Dios no es contraria a la frescura de la gracia.

La gloria gratuita de la gracia será hallada en su *benevolencia.* ¿Qué daño hizo jamás la gracia? No hay hombre en el universo que pueda culpar a la gracia por herida recibida de ella. Yo amo un evangelio que no hace daño a nadie. Si nadie fuera salvo por él, al menos nadie podría señalarlo con el dedo y acusarle diciendo: «Me ha destruido». La destrucción radica en uno mismo. La gracia esparce mercedes, pero nunca nada contrario al bien. Su senda es la de un conquistador, pero sus vestidos no están teñidos de sangre, excepto la suya propia. Es cierto que la gracia desfila por todo el mundo aplastando toda mirada altiva y exaltando toda criatura humilde. Pero eso es una bendición. Mejor es ser allanado por la gracia que ser exaltado por el orgullo. La gracia es una fuente de la que continuamente brota la misericordia. Es un arroyo siempre cristalino y puro. Como dice Milton: «Es mejor aún, y mejor, y mejor, en progresión infinita».

Sin duda, una de las glorias más grandes de la divina gracia tendrá lugar cuando *veamos el rostro de Dios con aceptación.* Fulgurarán por lo menos tres maravillas en el cielo. La primera será que veremos allí muchos que no esperábamos ver. La segunda, echaremos de menos a muchos que esperábamos ver. Pero la tercera es la mayor de todas: ¡estaremos allí nosotros mismos! Cuando oigo a personas censurar y condenar a otros creyentes porque no son perfectos, dudo que sepan que ellas son salvas por gracia y que no tienen nada que no hayan recibido. Pienso que si ellos supieran que han recibido todo lo que tienen, no serían tan ásperos con los que no tienen la bendición. En realidad deberíamos siempre sentirnos como verdaderos mendigos. Cuanto más justos seamos, tanto menos hemos de sentirnos. El «yo» es tan engreído, el orgullo está tan entretejido en nuestra naturaleza, que me temo que nunca nos lo arrancaremos hasta que yazcamos en el lecho mortuorio. Y si hay algo que puede curarlo es el hecho de que todo es por gracia. El cielo nos mostrará cuánta gracia ha tenido Dios con nosotros, pero en la tierra caminemos humildemente con nuestro Dios. Demos siempre gloria a Cristo, esperando con expectación ese día feliz en el que le glorifiquemos con todos sus santos —cuando Él venga en la gloria de su Padre y de todos sus santos ángeles.

¿No cantaríamos si cruzáramos una vez el Jordán? Oh, ¡qué saltos de alegría! ¡Qué alborozo! ¡Qué alabanza! ¡Qué acción de gracias! Acaso exclama usted: «¡Contra qué tentaciones tengo que batallar! ¡Pluguiera a Dios que ya tuviera descanso!». Su descanso puede estar más próximo de lo que usted piensa. Ninguno de nosotros sabe a ciencia cierta lo cerca que está del cielo. Ese problema que se imagina puede no presentarse nunca, esa prueba nunca llegar, ya que Cristo puede aparecer antes y arrebatarnos para morar con Él. Yo pronto moriré. El tiempo se disipa rápidamente. ¡Apresúrate, oh tiempo! ¡Rueda tus ruedas y consume tus años! Cuanto más corto sea el camino, antes estaré con Él. Cuanto más cerca esté del Jordán, más cerca estaré de Canaán. ¡Adiós, maná del desierto! ¡Adiós, serpientes ardientes y amalecitas! Mi alma pronto cruzará el Jordán. Veré el rostro de Aquel, a quien, aunque no lo vea todavía, adoro sin cesar —en quien tengo un cielo en la tierra, y con quien tendré eterna bienaventuranza el día que me llame para estar con Él.

Quisiera destacar la prominencia de estas palabras: «La tierna misericordia de nuestro Dios». Para mí brillan con una luz suave, radiante, como la de las incomparables perlas que conforman las puertas del cielo. La palabra ternura suena cual insuperable melodía para el oído y el corazón. La «misericordia» es música, y la «tierna misericordia» es su forma más exquisita, especialmente para un corazón quebrantado. Para el que está abatido y desesperado, esta palabra es vida que surge de la muerte. Un gran pecador profundamente magullado por el látigo de la conciencia inclinará su oído y exclamará: «Dejadme oír el dulce sonido de estas palabras: tierna misericordia». Si usted considera esta ternura en relación con Dios, le llenará de admiración que uno tan grande sea tan tierno. Tendemos a pensar que la omnipotencia es una energía aplastante que apenas hace caso de pequeñas, débiles, sufrientes criaturas. Pero si lo considera, la sorpresa desaparecerá y verá con admiración renovada que debe ser así. Él que es verdaderamente grande entre los hombres es tierno porque es grande de corazón, como también en fuerza y pensamiento. El espíritu verdaderamente grande es siempre amable, y Dios es infinitamente grande y tierno. Leemos de su gentileza y su ternura para con los hijos de los hombres, y las vemos desplegadas al máximo en el evangelio de nuestra salvación.

Capítulo 3

La tierna misericordia de nuestro Dios

Para dar conocimiento de salvación a su pueblo, para perdón de sus pecados, por la entrañable misericordia de nuestro Dios, con que nos visitó desde lo alto la aurora, para dar luz a los que habitan en tinieblas y en sombra de muerte; para encaminar nuestros pies por camino de paz.

—Lucas 1:77-79

Observe que Zacarías ensalzó gozosamente la remisión de pecados como una de las pruebas más extraordinarias de la tierna misericordia de Dios. Zacarías no pudo hablar por un tiempo en castigo por su incredulidad, por lo que dedicó su habla recuperada a cantar la misericordia del perdón. No es posible la salvación sin el perdón, por eso Zacarías exclamó: «Para dar conocimiento de salvación a su pueblo, para perdón de sus pecados». El Señor no les podía perdonar teniendo en cuenta la justicia, pero lo hizo por causa de su tierna misericordia. Él pasa por alto los pecados de su pueblo porque se deleita en misericordia. Por cuanto Dios es amor y muestra gran ternura por la obra de sus manos, mira con gran preocupación a los pecadores agobiados para ver cómo puede apartar su ira y restaurarles su favor. Por esta sola razón hay remisión de pecados. El perdón no viene a nosotros por ningún mérito nuestro presente, o previsible, sólo viene a través de la tierna misericordia de Dios y la prodigiosa visita de amor que la acompaña. He aquí que Cristo Jesús revela a Dios lleno de compasión.

Quisiera destacar la prominencia de estas palabras: «*La tierna misericordia de nuestro Dios*». Para mí brillan con una luz suave, radiante, como la de las incomparables perlas que conforman las puertas del cielo. La palabra *ternura* suena cual insuperable melodía para el oído y el corazón. La «misericordia» es música, y la «tierna misericordia» es su forma más exquisita, especialmente para un corazón quebrantado. Para el que está abatido y desesperado, esta palabra es vida que surge de la muerte. Un gran pecador profundamente magullado por el látigo de la conciencia inclinará su oído y exclamará: «Dejadme oír el dulce sonido de estas palabras: *tierna misericordia*». Si usted considera esta ternura en relación con Dios, le llenará de admiración que uno tan grande sea tan tierno. Tendemos a pensar que la omnipotencia es una energía aplastante que apenas hace caso de pequeñas, débiles, sufrientes criaturas. Pero si lo considera, la sorpresa desaparecerá y verá con admiración renovada que debe ser así. Él que es verdaderamente grande entre los hombres es tierno porque es grande de corazón, como también en fuerza y pensamiento. El espíritu verdaderamente grande es siempre amable, y Dios es infinitamente grande y tierno. Leemos de su gentileza y su ternura para con los hijos de los hombres, y las vemos desplegadas al máximo en el evangelio de nuestra salvación. Muy conspicua es la «tierna misericordia de nuestro Dios».

La palabra original es ésta: «La misericordia del corazón de nuestro Dios». Aunque los evangelistas escribieron en griego, inyectaron en sus textos giros del habla hebrea. De modo que no emplean adjetivo, como da a entender una traducción de *tierna misericordia*. Pero dicen misericordia de las entrañas, o los intestinos, o el corazón de Dios. «La misericordia del corazón de Dios» se ha de ver en la remisión del pecado y en la visitación de su amor cuando Él viene a nosotros como «la aurora de lo alto». Grande es la ternura de la divina misericordia.

Llamo su atención a la lectura original porque me parece que no sólo significa ternura, sino mucho más. La misericordia del corazón de Dios es la misericordia de su inmensa ternura, la misericordia de su infinita gentileza y consideración. Pero de esta expresión brotan otros pensamientos que significan la misericordia del alma misma de Dios. El corazón es la sede, el núcleo de la vida, y la misericordia es para Dios como su propia vida. «Porque no quiero la muerte del que muere, dice Jehová el SEÑOR; convertíos, pues, y viviréis» (Eze. 18:32). Dios es amor. Y su divina esencia es misericordia. No hay Dios aparte de su corazón, y la misericordia radica en su corazón. Ha ligado su misericordia con su existencia. Tan cierto como que Dios vive, Él concederá remisión de pecados a todos los que a Él se vuelvan.

La misericordia del corazón de Dios significa compasión sincera, cordial deleite en ella. La remisión de los pecados es un negocio en el que el Señor pone todo su corazón. Él perdona con intensidad de voluntad y disposición de alma. Dios hizo los cielos y la tierra con sus dedos, pero entregó a su Hijo su corazón para salvar a los pecadores. El Dios Eterno ha empeñado toda su alma en el negocio de la redención de los hombres. El que desee contemplar la piedad divina, lo ha de hacer desde el perdón del pecado humano. Si usted desea leer el carácter de Dios escrito en letras mayúsculas, debe estudiar la visitación de su amor en la persona de su querido Hijo y en todas las obras maravillosas de gracia infinita que de Él brotan. ¡Es un hermoso panorama contemplar a Dios en serio cuando dice: «Ahora me levantaré!» (Sal. 12:5). Con temor reverente le vemos arremangar su brazo, pero la plena energía de su fuerza se aprecia mejor cuando obra en su gracia. Cuando enciende su fuerza para venir a salvarnos y vierte la esencia de su ser en acción intensa para bendecirnos, somos ciertamente favorecidos. Su vigilancia para hacernos bien, su anhelo de bendecirnos, es lo que significa la misericordia de su corazón. No es sólo ternura, sino también intensidad, cordialidad, vehemencia, delicia y concentración de poder. Todo esto se aprecia en el trato de Dios con hombres culpables cuando Él los visita y les otorga salvación.

Dios se propone visitarnos

Dios muestra su tierna misericordia al proponerse visitarnos: «Por la entrañable misericordia de nuestro Dios, con que *nos visitó* desde lo alto la aurora».

Fíjese que Él no sólo se ha compadecido de nosotros desde lejos; además, *nos* ha visitado. Tal expresión está llena de pensamiento santo. Una *visita* de Dios, ¡cómo puede ser esto! «¿Qué es el hombre, para que tengas de él memoria, y el hijo del hombre, para que lo visites?»

(Sal. 8:4). ¡Él se ha rebajado para dejar su alta morada y la majestad en que reina para visitar seres insignificantes como nosotros! La Biblia es una carta suya que apreciamos más que el oro más refinado, pero toda una visita de Dios mismo, ¿qué diremos de tal favor?

¿De qué maneras nos ha mostrado el Señor su tierna misericordia al dignarse visitarnos? Respondo, en primer lugar, que Él nos hizo una gran visita en *la encarnación de nuestro bendito Señor y Salvador Jesucristo*. La Escritura recoge muchas visitas de Dios a los hombres, pero la más maravillosa de todas tuvo lugar cuando Él vino a vivir aquí treinta años, o más, y llevó a efecto nuestra salvación. ¿Qué otra cosa sino «misericordia tierna», sincera, intensa, pudo mover al gran Dios a visitarnos de una manera tan cercana que adoptó realmente nuestra naturaleza? Los reyes visitan a sus súbditos, pero no cargan con su pobreza, enfermedad o tristeza. Pero nuestro Señor se encarnó con nuestra carne. Ocultó su Deidad con una vestidura inferior de barro. «Hijos, el Señor os visitó haciéndose bebé, y después niño, viviendo con sus padres en obediencia y creciendo en estatura como vosotros debéis hacer. Trabajadores, el Señor os visitó como hijo de carpintero para conocer vuestra brega y cansancio. Hijos de los hombres, Jesucristo os ha visitado para ser tentado en todo como vosotros, pero sin cometer pecado» (Heb. 4:15). Él llevó nuestras dolencias y enfermedades. Esta es una visita que nadie se podía imaginar salvo un Dios infinitamente tierno y misericordioso. El (hijo del) Hombre es nuestro pariente próximo, un hermano nacido para la adversidad. En toda nuestra aflicción, Él es afligido. Es la misma ternura.

Recuerde que no sólo adoptó nuestra naturaleza, sino que también habitó entre nosotros en este mundo triste y pecador. Este pequeño planeta fue creado para arder con una luz superior mientras el Creador residía en él en forma humana. Holló el territorio de Samaria y caminó por las colinas de Judea. «Éste anduvo haciendo bienes y sanando a todos los oprimidos por el diablo, porque Dios estaba con él» (Hechos 10:38). Se asoció con los hombres apenas sin reservas. A pesar de estar separado de los pecadores por su pureza de carácter, les visitó a todos. Se le vio comer pan con un fariseo, cosa quizás más maravillosa que comer con pecadores. Una mujer caída no estuvo demasiado lejos para que Él se sentara y hablara con ella en el pozo, ni tampoco los pobres e ignorantes eran poca cosa como para dejar de preocuparse de ellos. Él fue hueso de nuestros huesos y carne de nuestra carne. Por tanto, su visita fue de lo más íntima. No desdeñó la bajeza de ningún hombre. No dio la espalda al pecado de ninguno.

Pero recuerde que su visita no tuvo la mera intención de enseñarnos y darnos un divino ejemplo, sino que nos visitó de tal manera que descendió a nuestra condenación para poder librarnos de ella. Fue hecho maldición por nosotros, como está escrito: «Maldito todo el que es colgado en un madero» (Gál. 3:13). Tomó nuestras deudas sobre sí haciéndose cargo de ellas, acuñando la moneda en su propio corazón. Se dio a sí mismo por nosotros para llevar todas las miserias que habían caído sobre la naturaleza humana a causa de su alejamiento de los caminos de Dios. «Ciertamente llevó él nuestras enfermedades, y sufrió nuestros dolores... mas Jehová cargó en él el pecado de todos nosotros» (Isa. 53:4, 6). Nuestro Señor nos visitó para hacerse rescate por nosotros. Éste fue ciertamente un gesto de tierna misericordia. Excede todo concepto y toda palabra. Si por primera vez usted oyera hablar de la visita del Dios encarnado a este mundo sentiría tal admiración que le duraría por toda la eternidad: que Dios mismo condescendiera a llevar a cabo un acto como éste. Este es el corazón del evangelio. El tan sólo oír la desnuda declaración del hecho basta para hacer que uno salte de alegría. Puesto que Dios no nos visitó en forma de venganza, o como querubín con espada llameante, sino en la gentil persona del más humilde de los humildes que dijo: «Dejad a los niños venir a mí» (Mar. 10:14), hemos sido creados para apreciar la tierna misericordia de nuestro Dios. Nada puede ser más tierno que la divina aparición del varón de dolores.

Hasta este día somos visitados por Dios en otros aspectos, pero con igual misericordia. La proclamación del evangelio en una nación, o a un individuo, es una visita de la misericordia de Dios. Cuando oiga el evangelio, lo reciba o no, sepa que el reino de Dios se ha acercado a usted. Dios le visita con tierna misericordia para comunicarle por el evangelio que hay un modo de salvación. Es una inicua monstruosidad que hombres que han pecado rehúsen aceptar el amor perdonador de Dios. ¿Cómo puede odiar alguno de tal manera su propia alma? Sin duda, los demonios no podían creer que existiera una raza de criaturas tan endurecidas como para rechazar el amor que les visitaba en la gracia. Los hombres no sólo pecan contra Dios, sino también contra sus propios intereses cuando hacen caso omiso de la voz de la bondad desinteresada y rehúsan salvarse por mediación de Aquél que nos amó hasta la muerte. Lo que Dios ha forjado tan tierna y gratamente en el don de su querido Hijo al morir por nosotros debería ser recibido con avidez.

Dios también ha visitado a algunos de nosotros de una manera aún más notable, ya que *por el Espíritu Santo ha entrado en nuestro corazón* y transformado nuestra vida. Ha cambiado nuestros afectos hacia lo justo iluminando nuestro juicio. Nos ha conducido a la confesión del pecado y traído a la aceptación de su misericordia a través de la sangre expiatoria. ¡Qué visita tan solemne! La visita del Espíritu Santo cuando viene a morar en nosotros es insuperablemente condescendiente. Yo suelo decir que no sé qué admirar más, si la encarnación del Hijo de Dios o la morada de su Espíritu. El Espíritu Santo no toma para sí un cuerpo puro, sino que hace de nuestros cuerpos templos suyos. No habita en uno, sino en decenas de millares. Él mora en nosotros a pesar de todas nuestras provocaciones y rebeliones. ¡Esto es tierna misericordia! ¿Quién podrá describirla? Espíritu dulce y gentil, ¿cómo puedes convivir conmigo? ¡Oh paloma celestial!, ¿cómo puedes hallar reposo en un alma como la mía? No obstante, sin ti estamos incompletos, por lo cual adoramos la tierna misericordia que te hace compadecerte de nosotros tanto tiempo y actuar en nosotros con tanta gracia hasta que nos hayas conformado a la imagen del Primogénito. Somos derretidos por el amor del Espíritu —la comunión del Espíritu Santo con la que Dios nos ha visitado.

Desde la primera visita que nos hizo el Señor, confío en que *hayamos recibido a menudo visitas especiales suyas*, acompañadas de gozosos embelesos, liberaciones singulares e incontables bendiciones. «El amor de Dios ha sido derramado en nuestros corazones por el Espíritu Santo que nos fue dado» (Rom. 5:5). El Señor nos ha visitado de noche, se ha acercado a nuestro espíritu, y nos ha preservado. Hemos disfrutado de cara y estrecha comunión con el Padre y con su Hijo. Cuando estábamos deprimidos en espíritu, agobiados con afanes inusitados, o llorábamos en situaciones angustiosas, la misericordia de nuestro Dios envió la aurora desde lo alto para visitarnos justo en esos momentos. Nuestra vida se ilumina con dichas visitas como cielo con estrellas. Las visitas de Dios a sus hijos son pruebas de la cordialidad, la intensidad y la ternura de su misericordia.

Dios nos visita como aurora de lo alto

«Con que nos visitó desde lo alto la aurora». Esto significa alborada en oriente, nacimiento del sol al rayar el alba. Dios no viene a nosotros en Cristo, o con su Espíritu, como tempestad, como cuando vino al monte de Parán con diez millares de santos, con el aparato de su ley de fuego (Deut. 33.2). Nos visitó como mañana risueña, que en su gloria gentil inunda el mundo de gozo.

Aunque la visitación de este evangelio sea aparentemente inferior en esplendor que la de la ley, no carece de verdadera gloria. Dios no nos ha visitado como vela que sólo puede iluminar las tinieblas, pero no trocarlas en día. El Señor nos ha visitado con el despuntar del día.

Además, el Señor no ha venido como llama que pronto se apague, sino como luz que resplandecerá para siempre. Después de la larga, fría y tenebrosa noche de nuestra miseria, el Señor viene de la manera más eficaz y adecuada. Ni rayo, ni vela, ni flamígero meteoro bastarán, pero el Señor viene como sol que hace amanecer.

La visitación del Señor a nosotros es como la aurora porque *se adecua a nuestros ojos*. Como el ojo se adapta a la luz, y la luz al ojo, lo mismo ocurre en el ámbito de la gracia. La aurora en oriente no desprende la llamarada del mediodía ardiente, mas se asoma como luz parda que aumenta gradualmente hasta que el día es perfecto. Así también el Señor Jesús vino con lobreguez a Belén, pero aparecerá con toda la gloria del Padre. Así también el Espíritu de Dios viene a nosotros en gradual progresión. Hay una dulce adaptabilidad en la gracia de Dios al corazón, y en el corazón renovado a la gracia de Dios. La revelación de Dios a cada persona se hace de una forma y manera tierna y agradable, según la condición y la capacidad de cada individuo. A veces pienso que el evangelio fue diseñado exactamente para ajustarse a mi caso. ¿No piensa usted lo mismo acerca de él? La luz de la mañana satisface al ojo justamente como si no hubiera otra criatura para contemplarla. De igual manera, en su divina ternura el

Señor ha hecho que sus visitas se adecuen a nuestra tristeza y aun a nuestras debilidades. Nos revela lo suficiente de sí mismo como para deleitarnos sin abrumarnos del todo con su exceso de brillantez. Él podría haber venido a nosotros en la majestad de su gracia, pero no habríamos sido capaces de sobrellevarlo. Nos dio a beber leche cuando éramos bebés en la gracia y carne cuando estábamos listos para almorzar con Él. Todas las visitas que Dios nos hace son misericordiosas, pero en el alba de la gracia se observa ternura y misericordia.

Las visitas de Dios son como la aurora porque *acaban con nuestras tinieblas*. La aurora disipa la noche. Sin ruido ni esfuerzo muda las densas tinieblas y siembra en la tierra la perla de oriente. La noche extiende su ala de murciélago y vuela ante las flechas del sol naciente. Así también la venida de Jesús en nuestros corazones disipa las tinieblas de la ignorancia, la tristeza, la negligencia, el temor y la desesperanza. La noche concluye de una vez por todas cuando contemplamos la visita de Dios en Cristo Jesús. El día podrá ser nuboso, pero la noche no retornará. Si se mira a Jesús por fe, no serán necesarias velas de humana confianza ni chispas de sentimientos e impresiones. La contemplación de Cristo será el final de la noche para usted. «Los que miraron a él fueron alumbrados, y sus rostros no fueron avergonzados» (Sal. 34:5).

Me gusta pensar que Cristo viene al mundo como luz de la mañana porque lo hace *con tal largueza de bendición presente* —bendición ilimitada, inconmensurable—. Algunas personas están siempre tratando de medir lo que Cristo puede o quiere hacer. Reparten muchos rayos de luz a muchos ojos y limitan la luz por el número de los que la disfrutan. Pero Jesús es la luz del mundo. Él viene de lo alto para irradiar su luz sobre todo el universo, al igual que el sol sale por un extremo del cielo y se pone por otro y nada se oculta a su calor. Jesús aparece como la luz que ilumina a todo hombre que viene a este mundo (Juan 1:9). Quienquiera que esté dispuesto a recibir esa luz es libre de hacerlo (Juan 1:7). Esta luz destella incluso para los que la aborrecen, dejándoles así sin excusa: «La luz en las tinieblas resplandece, y las tinieblas no prevalecieron contra ella» (Juan 1:5). Y «esta es la condenación: que la luz vino al mundo, y los hombres amaron más las tinieblas que la luz, porque sus obras eran malas» (Juan 3:19).

Cuando el Señor se acerca a los hombres, sus bendiciones son infinitas. Intentar medir la longitud y la anchura de la luz solar con una unidad de medidas sería como intentar medir la tierna misericordia de Dios en la revelación de nuestro Señor Jesucristo.

Cuando el Señor nos visita es como la aurora porque *Él nos da esperanza de la gloria más excelsa que ha de llegar*. La primera venida de Cristo no lo manifestó todo. La alborada no es el mediodía, pero sí una señal segura de éste. Así también el primer advenimiento es promesa de la gloria que se ha de revelar. El sol nunca amanece por error para ponerse repentinamente, sino que nace para completar su curso. Cuando recibimos una visita del Señor, puede que sea a modo de reprensión o débil esperanza, pero seamos pacientes, porque el alba aumentará con incesante incremento de luz. No hay temor de que se ponga tras las antiguas tinieblas pecaminosas. El eterno mediodía es el destino de todos aquellos cuyos ojos han contemplado al Cristo.

Esta venida del Señor y de su luz tan gradual, pero tan pródiga, conveniente y eficaz, ¿no le hace rebosar de gratitud? Cada pajarillo se alegra a la salida del sol. Dios ha hecho que el sol salga tan gratamente que ni siquiera un gorrión tiembla ante el mismo, mas gorjea con confianza sus alegres alabanzas. Dios ha hecho que el sol se eleve para que el diminuto cáliz de cada flor que brota se abra a beber la luz dorada y se refresque en ella. La venida de Cristo es tal cual para nosotros, incluso para el menor y más débil de todos. No es una bendición estupenda que nos aplaste con su enorme peso o una revelación misteriosa que nos confunda con su profundidad, sino que es la simplicidad, la gentileza misma. Sin embargo, la venida de Cristo es tan grande y sublime por ser tan simple y tan tierna. Bendigamos al Dios que nos visita, porque cuando lo hace es como la aurora de lo alto.

Dios nos visita en nuestra ínfima condición

«Para dar conocimiento de salvación a su pueblo, para perdón de sus pecados». *Dios viene a visitarnos cuando estamos hundidos en nuestros pecados*. Si el plan de la salvación consistiera en que tenemos que abandonar el pecado para que Dios venga a nosotros, podría parecer gran misericordia, pero no sería tierna. Nunca olvidemos que «Dios muestra su amor para con nosotros, en que siendo aún pecadores, Cristo murió por nosotros» (Rom. 5:8). Las visitas de Dios brotan de la gracia —de la pura gracia—, sin la menor mezcla de mérito o reclamación por nuestra parte. Dios viene a nosotros como la mañana, que no espera a ninguno. Cuando no había nada bueno en nosotros, la tierna misericordia de Dios nos visitó, lo mismo que el sol se levanta sobre los justos y los injustos. Dios no echará a perder la magnificencia de su bondad pidiéndonos un lastimoso penique de mérito como pago de la deuda, sino que la da liberalmente conforme a las riquezas de su gracia. Lo mismo que envía la lluvia para regar los campos del avaro, como los del bondadoso, así también concede su abundancia al peor de los hombres. Aprendamos de esto e imitémoslo porque así conoceremos la tierna misericordia de Dios. Imitar el divino ejemplo será el método más seguro para llegar a entenderlo.

Además, *nuestro Dios nos visita cuando estamos en tinieblas*. Cuando estamos sumidos en tinieblas tan espesas que no sabemos, ni vemos, ni creemos, ni esperamos nada, incluso entonces la misericordia del Señor viene a nosotros. ¿No es esto ternura? Dios no nos envía la gracia porque ya tengamos algo que se pueda considerar preveniente o preparatorio, porque lo preveniente y lo preparatorio surgen de su gracia y Él viene en amor trayéndolo consigo a los que aún no saben nada de su luz y su vida. Están en la oscuridad, y Él crea su día.

¿Notó usted que decía: «para dar luz a los que habitan en tinieblas»? Esto es más que estar en la oscuridad. El hombre que *habita* en tinieblas lo hace porque cree que su caso es imposible. El viajero perdido en la noche más oscura se ha desviado del camino y finalmente se agacha en un resguardo pedregoso desmoralizado por no encontrar la senda. Forma parte de la tierna misericordia de Dios visitar a los que se desaniman y permanecen inmóviles en temerosa inactividad. Los que han perdido la esperanza están verdaderamente perdidos y a los tales el Salvador viene a salvar.

Luego se añade: *«en sombra de muerte»*. ¿Ha percibido usted alguna vez esa sombra? Causa una influencia terrible. Fría y helada, congela la médula de los huesos y detiene el flujo de vida en las venas. La muerte se posa sobre el hombre y, aunque su guadaña no golpee aún, su sombra apaga la alegría y enfría la esperanza, entumeciendo el corazón y haciendo que la vida sea una especie de muerte. La sombra de muerte es confusión de la mente, depresión del espíritu, temor a lo desconocido, horror al pasado y terror del futuro. Pero el Señor ha venido para librar al cautivo y salvar a los que están condenados a muerte. Conociendo su culpa, el Señor le manda levantar la vista: «He aquí el Cordero de Dios, que quita el pecado del mundo» (Juan 1:29). Mire y viva; mire y sea libertado al instante, aunque sea de la horrible sombra de muerte que se cierne sobre usted. Parece que usted ha sido olvidado de Dios, descartado del registro de la esperanza, no obstante, Jesús viene a «darle luz». ¿No es esto *tierna* misericordia? Si Él no hubiera venido a brillar sobre gente como nosotros, yo nunca habría sido salvo. Jesús lo hace todo por nosotros desde el principio. Él es el Alfa y debe ser la Omega. Viene a los que estamos en tinieblas y lúgubre sombra de muerte y allí mismo nos revela su amor.

Las visitas de Dios producen resultados maravillosos

«Para dar luz a los que habitan en tinieblas y en sombra de muerte; para encaminar nuestros pies por camino de paz». Imagínese una caravana en el desierto que ha perdido la ruta y está hambrienta. Hace bastante que el sol se ha puesto y la oscuridad ha abatido el corazón de todos. Les rodea un yermo de arena y la más completa oscuridad. Ahí deben permanecer y morir a menos que recuperen la senda. Hambrientos y sedientos, están tan temerosos que no pueden dormir. La noche desciende cada vez más impenetrable y el frío en las tiendas ha congelado sus almas. ¿Qué pueden hacer? ¿Cómo vigilar? No hay estrella que les consuele. Por fin, el vigía exclama: «¡Ya amanece!». La mañana irrumpe sobre el mar de arena, mejor aún, revela unas huellas que señalan la dirección hacia la senda. La aurora les ha salvado de una rápida destrucción al descubrir el camino de paz.

Cuando el Señor Jesús nos visita, arroja verdaderamente luz sobre nuestras tinieblas, nos indica el camino y hace que sea un camino de paz para nosotros. Recoja todo ello y recuerde lo que ha hecho el Señor. Una vez usted no conocía el camino, ni lo habría hallado de no haber sido por la visita del Espíritu como nace el alba. Y aunque hubiera visto el camino, usted era impotente para alcanzarlo por sí mismo. Jesús se acercó y guio sus pies por el camino. Puso sus pies sobre la roca y afirmó su senda. El Señor iluminó su camino e hizo que fuera un perfecto camino de paz. La paz en nuestro texto significa prosperidad, abundancia, descanso y gozo. Dado que el Señor le ha visitado, ¿no ha seguido usted su senda gozoso?, ¿no ha sido conducido en paz? (Isa. 55:12).

Si la tierna misericordia de Dios nos ha visitado y hecho por nosotros mucho más de lo que puedo contar, exhibamos tierna misericordia en el trato con los demás. Es un negocio ruinoso para un hombre pretender ser cristiano y tener un alma que nunca se asoma por entre sus propias costillas. Es horrible vivir para ir al cielo y nunca bendecir a otros ni aliviar la miseria de un mundo que gime. Es absurdo considerar la religión como un oficio espiritual egoísta mediante el que salvamos nuestras propias almas. A menos que su fe le arranque de usted mismo y le haga vivir por algo más noble que su propio bien espiritual, no ha pasado de la oscuridad a la luz de Dios. Sólo el camino del desprendimiento es el camino de la paz. Le ruego que piense compasivamente en toda la pobre gente. Corren tiempos duros. Que aquellos que tienen más de lo que realmente necesitan estén siempre dispuestos a aliviar la aflicción de los demás.

No obstante, «cuando abundó el pecado, sobreabundó la gracia». ¡Ojalá que la lengua de un ángel proclamara el asombroso misterio! Mi pobre pluma es bastante inadecuada para emprender esta ingente tarea. ¿Cómo puede uno intentar describir la gracia que tan gloriosamente abundó en nuestro Señor sobre la cruz? La gracia que relumbró tan favorablemente en aquellos lánguidos ojos; la gracia que cayó cual gotas purificadoras de aquellas venas abiertas; la que se derramó a torrentes de aquel costado traspasado; la gracia que palpitó y agitó y pugnó convulsivamente en aquellas torturadas extremidades; la que luchó y peleó y finalmente conquistó en aquel espíritu angustiado; la gracia que empezó a interceder por los transgresores cuando Jesús oró: «Padre, perdónalos, porque no saben lo que hacen» (Luc. 23:34); la que exclamó con voz potente: «Consumado es» (Juan 19:30), antes que el Salvador inclinara su cabeza y entregara su espíritu; la que ascendió a lo alto, llevando cautiva a la cautividad y dando dones a los hombres (Efe. 4:8). No me atreveré a escribir más de esta gracia. Que sea su feliz porción navegar por ese mar de gracia, porque nunca lo podrá sondear. Que beba de esa fuente de gracia, porque nunca se secará. Que Dios le conceda la bendición de conocer por propia experiencia cuánto abunda la gracia a través del sacrificio expiatorio de Jesús en la cruz.

Capítulo 4

Gracia abundante

Pero la ley se introdujo para que el pecado abundase; mas cuando el pecado abundó, sobreabundó la gracia.

—Romanos 5:20

Se ha venido librando una luenga batalla en este mundo entre el pecado del hombre y la gracia de Dios. Si hubiera sido una batalla entre el pecado del hombre y la justicia de Dios, pronto habría concluido. Imagine las llamaradas del infierno y observe lo que la justicia divina puede hacer cuando entra en conflicto con la culpabilidad humana. Cuando Dios guerrea contra la impiedad, su poder es ciertamente terrible. La justicia divina acaba pronto con el pecado. Lo huella bajo sus pies y lo extirpa, ya que Dios odia el pecado con perfecto aborrecimiento. Cuando la ira de Dios se enciende contra el pecado, Él lo deshace en pedazos, como el león desgarra su presa con furia. Afortunadamente, el conflicto no es entre la justicia y el pecado, sino entre la gracia y el pecado. El benigno atributo de la misericordia divina ha entrado en el campo, y en nuestro texto Pablo nos anuncia el resultado de la batalla. Pareció por un tiempo que el pecado obtendría la victoria, porque abundó en demasía. Pero al fin el estandarte de la gracia ondeó triunfalmente en el campo de batalla: «*Mas cuando el pecado abundó, sobreabundó la gracia*».

Jefatura federal

El apóstol Pablo escribió sobre el principio de la representación, la jefatura federal, primeramente de Adán, y después, de nuestro Señor Jesucristo. Él describió nuestra caída y ruina bajo nuestro primer jefe federal y nuestra salvación y redención mediante un segundo pacto. Diríase, a primera vista, que al establecerse a Adán como representante el hombre fue instrumento para hacer que el pecado abundase, porque tan pronto como el pecado venció a Adán, venció a toda la raza humana. Parece que hubiera sido mejor someter a prueba a cada hombre bajo su propia cuenta y riesgo y que éste se sostuviera o cayera conforme a su propia conducta. El pecado parece haber obtenido una victoria comparativamente fácil derrocando a toda la raza de una sola vez.

Ciertamente, el pecado obtuvo una gran victoria en el jardín del Edén y abundó. Pero Pablo indica que por el mismo principio de representación la «gracia abundó mucho más», ya que fue por la muerte de Uno —Jesucristo resucitado— por la que todos los creyentes viven. Por la justicia de este Uno una multitud que ninguno puede contar obtendrá vida eterna. A mí me parece que si se hubiera adoptado el otro sistema, según el cual cada uno se sostiene o cae por sí mismo, no habría habido esperanza de salvación para ningún miembro de la raza humana. Creemos que los ángeles permanecieron o cayeron por su propia cuenta. Satanás no fue jefe federal de los ángeles, y en consecuencia, los otros cayeron únicamente por elegir sumarse a los insurgentes, sin esperanza de restauración del favor de Dios: «Y a los ángeles que no guardaron su dignidad, sino que abandonaron su propia morada, los ha guardado bajo oscuridad, en prisiones eternas, para el juicio del gran día» (Jud. 1: 6).

Creo que es muy probable que si usted y yo hubiéramos tenido que sostenernos o caer por nosotros mismos, habríamos caído para nunca levantarnos. Pero por cuanto caímos en la persona de un representante, ha sido posible para nosotros levantarnos por medio de otro Representante. Todos los que creen en Jesús son levantados de la caída de Adán, librados de la muerte, consecuencia de su pecado, y vivificados en Cristo Jesús por una nueva vida espiritual en virtud de la unión con el Señor resucitado. Por la jefatura federal de Adán, el pecado abundó y torrentes de iniquidad anegaron a toda la raza humana. Pero por la jefatura federal de Cristo, la gracia abunda mucho más para que todos los que en Él creen sean eternamente salvos.

La ley aumenta el peso del pecado

La primera parte de este versículo ilustra otra verdad: «*La ley se introdujo para que el pecado abundase*». Por ninguna falta suya, sino por causa de nuestra depravación, la ley aumenta el peso del pecado.

Sabemos que si no mandáramos nada a nuestros hijos, no podrían desobedecernos. Pero en el mismo instante en que es dado un mandamiento, la inclinación natural del niño es a desobedecer y trocar el mandato en ocasión para el pecado. Cuantos más mandatos Dios nos da, más posibilidades tenemos los hombres de pecar. La tacha no está en el mandato, sino en la respuesta del malvado corazón del hombre que se rebela contra el mandato. Pablo afirma: «Yo no conocí el pecado sino por la ley» (Rom. 7:7). Habría sido igual de pecador en sí mismo, pero la pecaminosidad no habría aparecido si no hubiera sido por las prohibiciones y restricciones de la ley contra las que se rebeló. La ley expone el pecado en la vida de la persona por convicción y le permite verlo en su verdadero carácter. La ley viene como policía con una orden de registro y dice: «Aquí hay un criminal escondido y he venido para detenerlo». A pesar de la protesta contra ella, la ley escrutará incluso a los que no sospechan que tienen pecado hasta que vean la verdadera naturaleza de su corazón.

Parece terrible que el efecto de la ley fuera hacer al pecador peor de lo que era antes: «La ley se introdujo para que el pecado abundase». Pero es ahí donde nuestro texto es pertinente: «Mas cuando el pecado abundó, sobreabundó la gracia». Cuanto más necesario es el desenmascaramiento de la ley, más gloriosa es la gracia que limpia el pecado. La ley, como un candelabro, me revela mi negrura. Pero esa misma revelación me muestra la preciosa sangre de Jesús que me hace más blanco que la nieve. Cuando oigo los truenos del Sinaí y me lleno de terror mientras los relámpagos incendian el cielo, me vuelvo al querido y paciente Cordero de Dios y veo que sufre por mí. Le digo:

«¡Qué gracia tan prodigiosa es la que me ha librado de esta terrible ira! Bendito Cordero de Dios, cuánto te debo, por haber silenciado el sonoro trueno de la ley y dado a mi alma refugio tranquilo y seguro». La obra de la ley sobre el alma iluminada es como una fina aguja que la perfora, pero arrastra con ella el dorado hilo de la misericordia. Es como la afilada reja de arado que alza la tierra y prepara el terreno para la siembra que en el tiempo señalado producirá cosecha para alabanza y gloria de Dios. Siempre que la aplicación de la ley haga abundar la ofensa, que Dios nos conceda la gracia de recibir el evangelio para que la gracia abunde mucho más.

Un lugar llamado Calvario

El Calvario es el lugar donde más abundó el pecado, y no obstante, donde más abundó la gracia. Eche un vistazo al consejo del Sanedrín y oiga la acusación de blasfemia que éste lanza contra el Hijo de Dios. Véalo apresurarse hasta el pretorio de Pilato y el trono de Herodes: «Despreciado y desechado entre los hombres» (Isa. 53:3), y contemple cómo se burlaron de Él, cómo le tiraron del pelo, profanaron su bendito rostro con execrables escupitajos, le coronaron de espinas, le acometieron con insulto tras insulto, crueldad sobre crueldad, y después diga si el pecado no abundó verdaderamente allí. Véale avanzar penosamente a través de calles abarrotadas, ante la mofa de la multitud, llorado por las hijas de Jerusalén. Obsérvele ascender, por último, el monte de la condena letal; véale colgado de la cruz en indescriptible agonía mientras los empedernidos espectadores le escarnecen y se toman a chanza incluso sus gemidos moribundos, y dígame luego si no abundó allí el pecado. ¡Qué espumosas olas de iniquidad se agitaron en torno a aquel árbol maldito, hinchándose y elevándose hasta que anegaron y cubrieron del todo al Señor de la vida y la gloria en profundidades terribles! Sí, verdaderamente abundó allí el pecado. A buen seguro, fue la hora más oscura de la historia de la humanidad. Mataron al Hijo de Dios y le echaron fuera de la viña diciendo: «Éste es el heredero; venid, matémosle, y apoderémonos de su heredad» (Mat. 21:38). El pecado abundó de tal manera que extinguió la luz del sol. Fue tan pesado que agrietó la sólida tierra y hendió y partió las rocas, abriendo las tumbas y rasgando de arriba abajo el gran velo del templo.

No obstante, «cuando abundó el pecado, sobreabundó la gracia». ¡Ojalá que la lengua de un ángel proclamara el asombroso misterio! Mi pobre pluma es bastante inadecuada para emprender esta ingente tarea. ¿Cómo puede uno intentar describir la gracia que tan gloriosamente abundó en nuestro Señor sobre la cruz? La gracia que relumbró tan favorablemente en aquellos lánguidos ojos; la gracia que cayó cual gotas purificadoras de aquellas venas abiertas; la que se derramó a torrentes de aquel costado traspasado; la gracia que se agitó y palpitó y pugnó convulsivamente en aquellas torturadas extremidades; la que luchó y peleó y finalmente conquistó en aquel espíritu angustiado; la gracia que empezó a interceder por los transgresores cuando Jesús oró: «Padre, perdónalos, porque no saben lo que hacen» (Luc. 23:34); la que exclamó con voz potente: «Consumado es» (Juan 19:30), antes que el Salvador inclinara su cabeza y entregara su espíritu; la que ascendió a lo alto, llevando cautiva a la cautividad y dando dones a los hombres (Efe. 4:8). No me atreveré a escribir más de esta gracia. Que sea su feliz porción navegar por ese mar de gracia, porque nunca lo podrá sondear. Que beba de esa fuente de gracia, porque nunca se secará. Que Dios le conceda la bendición de conocer por propia experiencia cuánto abunda la gracia a través del sacrificio expiatorio de Jesús en la cruz.

Ojalá que mi alma fulgurara como el alma de Whitefield solía mientras declaro la causa de mi Salvador. Nada demuestra tan claramente la terrible depravación de la naturaleza humana como esto: el hombre ha llegado a ser tan completamente vil y perverso como para creer que Cristo no es el Salvador. ¡Qué pobre desdichado debe ser el hombre, y qué cosa tan depravada debe ser la naturaleza humana, cuando cualquiera puede dudar deliberadamente del poder de Cristo para salvar a los perdidos! La inspirada declaración atestigua que Él: «Puede también salvar perpetuamente a los que por él se acercan a Dios, viviendo siempre para interceder por ellos» (Heb. 7:25). Sin embargo, este malvado corazón nuestro se topa con la imposibilidad de creer hasta que el Espíritu Santo viene con energía sobrenatural e ilumina el entendimiento, mueve la voluntad, controla el juicio y conduce el alma a descansar en Cristo Jesús. ¡Cuán culpables debemos ser por no creer que lo que Dios dice es verdad!, pese a que millones de testigos ante el trono celestial dan testimonio de que «cuando el pecado abundó, sobreabundó la gracia».

La naturaleza humana

La naturaleza humana es una cuarta ilustración del abundamiento de la gracia. Mire a Adán en el huerto del Edén, ser supremo entre las criaturas que le rodeaban. Todas las aves y las bestias acuden a su llamada y prestan obediencia a su mandato. Pero ¿no ve la serpiente enroscada en el árbol? Ésta es la encarnación bestial del pecado, ha llegado para causar un daño incalculable. Aguarde un momento y verá a Adán y Eva siendo expulsados del huerto donde una vez fueran tan felices, ya que el pecado al que tan fácilmente se han entregado ha acarreado una fuerte maldición sobre ellos y sobre todos sus descendientes. Al leer la dura sentencia dictada sobre cada uno de ellos de labios de Jehová, uno se da cuenta de que, en su caso, el pecado ha ciertamente abundado. Entonces uno recuerda el principio de la representación y es consciente de que la caída de Adán supuso la caída de cada uno de nosotros.

Si usted quiere ver cómo ha abundado el pecado no tiene más que echar un vistazo al mundo que le rodea y constatar la abrumadora evidencia. No tengo que insistir en descripciones repelentes de cómo criaturas caídas han hallado la vida, mas todos y cada uno debemos confesar que aparte de la providencia y la gracia de Dios podríamos haber sido igual de malvados. Si usted desea ver con más detalle la ruina que ha causado el pecado no tengo más que llevarle al cementerio. ¡Cómo ha caído el noble ser que Dios creó para dominar sobre todas las obras de sus manos! A este lugar ha conducido el pecado al hombre: una calavera vacía y unos pocos huesos secos.

Pero no me detendré en la parte oscura del asunto. Piense en cómo ha sobreabundado la gracia incluso donde más abundó el pecado. La gracia llega y halla al hombre bajo sentencia de muerte, sin esperanza y contaminado. ¿Qué hace la gracia en tal caso? Respondo apuntando a la extraña visión que tuvo Juan en la isla de Patmos, cuando vio «a uno semejante al Hijo del Hombre… Su cabeza y sus cabellos eran blancos como blanca lana, como nieve; sus ojos como llama de fuego; y sus pies semejantes al bronce bruñido, refulgente como en un horno; y su voz como estruendo de muchas aguas. Tenía en su diestra siete estrellas; de su boca salía una espada aguda de dos filos; y su rostro era como el sol cuando resplandece en su fuerza» (Ap. 1:13-16). ¿Quién es éste ante quien todo el cielo resuena con aleluyas, mientras el infierno tiembla a su palabra y millones sobre la tierra le profesan lealtad? ¿Por qué? Éste es Cristo Jesús, que durmió cual niño desvalido en los brazos de su madre, quien después trabajó en el banco de carpintero en Nazaret y cuyo aliento expiró en medio de la indecible agonía del Calvario. Él es ahora exaltado a la diestra de su Padre «sobre todo principado y autoridad y poder y señorío, y sobre todo nombre que se nombra, no sólo en este siglo, sino también en el venidero» (Efe. 1:21).

«Eso está bien», usted dirá, «pero no estamos arriba con Él». Mas la fe asegura que lo estamos si realmente confiamos en Jesús, porque «Dios, que es rico en misericordia, por su gran amor con que nos amó, aun estando nosotros muertos en pecados, nos dio vida juntamente con Cristo (por gracia sois salvos), y juntamente con él nos resucitó, y asimismo nos hizo sentar en los lugares celestiales con Cristo Jesús, para mostrar en los siglos venideros las abundantes riquezas de su gracia en su bondad para con nosotros en Cristo Jesús» (Efe. 2:4-7). ¡Cuán verdaderamente glorioso es nuestro texto! El pecado nos causó un perjuicio inenarrable, pero la gracia nos ha dado mucho más de lo que el pecado nos arrebató. El pecado nos robó la plata, pero la gracia nos ha otorgado oro. El pecado nos arrojó entre las masas de esta raza caída, pero la gracia nos ha elevado y sentado entre los hijos de Dios por la fe en Jesucristo. «Amados, ahora somos hijos de Dios, y aún no se ha manifestado lo que hemos de ser; pero sabemos que cuando él se manifieste, seremos semejantes a él, porque le veremos tal como él es» (1 Juan 3:2). De este modo abundó la gracia.

En nosotros

Muchos de nosotros hemos conocido las profundidades de una vida en la que abundó el pecado. Pero un gran cambio se ha producido a través de la gracia, y somos nuevas criaturas en Cristo Jesús. Ocurre muy a menudo que los pecadores más abyectos se convierten en los santos más angelicales, y los que una vez fueran capitanes y generales del diablo se transforman en los más intrépidos y audaces soldados de la cruz, cuando se convierten. En realidad, muchos de nosotros deberíamos amar mucho porque mucho se nos ha perdonado. La misericordia divina ha cubierto y borrado una inmensa masa de pecado que habíamos cometido. Recordando con humildad y vergüenza nuestras pasadas ofensas, imploramos que podamos probar en el futuro qué clase de hombres y mujeres santos, útiles, puede hacer de nosotros la gracia de Dios. Sin duda, usted no servirá a Dios peor que sirvió al diablo. Cuando tuvo un mal amo, fue buen siervo suyo. Pero ahora, teniendo el mejor amo que uno puede jamás tener, no sea mal siervo suyo. ¡Que el Señor nos conceda que esa formidable gracia abunde en todos los que fueron grandes pecadores!

Pero no todos fuimos grandes pecadores. Le ruego que repase el librito que relata la historia de su vida escrita en las páginas de su memoria. Al examinar esas páginas, ¿qué piensa usted de sí mismo? Si encuentra algo que le hace tenerse en alta estima no está en absoluto pensando. Pero los que realmente piensan verán en su vida pasada mucho que les causa sonrojo. Recordando los primeros años después de venir a Cristo, ¡qué multitud de pecados hemos cometido! Si nuestros propios hijos nos hubieran tratado tan mal como nosotros hemos tratado a nuestro Padre celestial, ¿qué habríamos hecho con ellos? ¡Qué maravilla de paciencia ha tenido nuestro Padre celestial en su trato con nosotros! Yo miro mi labor pastoral, y tengo que confesar que en ella ha abundado el pecado. Miro a mi vida privada, y tengo que reconocer que el pecado ha abundado. Mientras examina su vida, creo que tendrá que admitir con tristeza que el pecado ha abundado en ella. Pero ¿no ha abundado también la gracia? ¡Ay!, así es, porque «cuando el pecado abundó, sobreabundó la gracia». No incurra nunca en tal estado de corazón que se lamente de sí mismo de forma que no pueda alabar al Señor por su gracia abundante. ¡Alábele y bendígale porque Él bien merece ser alabado! El pecado abunda, así pues, sea humilde; pero la gracia sobreabunda, por lo cual, séale agradecido. El pecado abunda, manténgase, pues, vigilante; pero la gracia sobreabunda, por tanto, tenga confianza en que Dios le dará la victoria por medio de Aquel que le ama.

En este mundo

Enderécese sobre su puesto de atalaya y divise el mundo hasta donde alcance a ver. Una gran proporción del mismo está sumido en las densas tinieblas del paganismo. Incontables millones se inclinan ante bloques de madera y de piedra. Piense en las vastas multitudes que ponen su confianza en Alá y su falso profeta Mahoma. Después recuerde con tristeza cuán gran proporción de gentes que se dicen cristianas no son más que devotas de María en vez de creyentes en Jesús, o se inclinan ante imágenes, iconos, reliquias, cruces y no sé qué más. Si nos volvemos al cristianismo protestante, ¡qué enorme masa de hipocresía, formalidad, incoherencia y de todo lo malo que el diablo ha mezclado con lo que es genuino y verdadero! Por todo el mundo abunda el pecado. Compruebe cuántos países aún sufren la maldición de la guerra. ¡Qué de infamias se perpetran en todas las grandes ciudades! Dios debe haber sido asombrosamente paciente para soportar tanto tiempo a nuestra malvada raza. Lo mismo que el diluvio en los días de Noé fue universal, así también el pecado cubre la tierra, prevaleciendo sobre las cumbres de los montes y abundando en todos los valles y llanos.

¡Qué deprimente sería si no creyésemos que la gracia prevalecerá sobre el pecado! Pero llega el día en que, repentinamente, el pedestal sobre el que se asienta todo dios falso será sacudido y caerá, y cuando la media luna de Mahoma se desvanecerá para siempre. Toda falsedad religiosa será juzgada y el diablo y todas sus huestes serán lanzados al lago de fuego y azufre para ser atormentados día y noche por los siglos de los siglos. El día viene cuando los pueblos de toda isla y continente oirán el gozoso sonido del evangelio de la gracia de Dios. De Etiopía a la India, China o Japón, ya no se oirán alabanzas a ningún dios falso, sino que nos deleitaremos oyendo el tañido de las alabanzas que confiesan que Jesucristo, el Hijo de David, es también el Hijo de Dios, Rey de reyes y Señor de señores, y el único Salvador. El pequeño arroyo que corre como serpenteante riachuelo a los pies de la cruz del Calvario se ha ensanchado hasta formar un río caudaloso. Las olas del evangelio se levantan y encrespan, y llega el día en que, cual anchuroso océano, el evangelio cubrirá la tierra como las aguas cubren las profundidades del mar. Y flotando sobre ese mar de gloria se oirá el himno milenario: «Los reinos del mundo han venido a ser de nuestro Señor y de su Cristo; y él reinará por los siglos de los siglos» (Ap. 11:15). ¡Aleluya!, ¡Aleluya!, ¡Aleluya!

Entonces, por fin, los que hemos creído en Jesús nos reuniremos con Él en esa gran ciudad, la nueva Jerusalén, cuyas doce puertas son doce perlas, cuyos muros son de jaspe, y cuyas calles son de «oro puro, semejante al vidrio limpio» (Ap. 21:18). Esta es la ciudad de la que dice Juan: «Y no vi en ella templo; porque el Señor Dios Todopoderoso es el templo de ella, y el Cordero. La ciudad no tiene necesidad de sol ni de luna que brillen en ella; porque la gloria de Dios la ilumina, y el Cordero es su lumbrera» (Ap. 21:22-23). ¡Qué excelso día será ése, y nosotros estaremos allí en buena hora! Entonces, cuando nos asomemos desde nuestra serena morada, podremos vislumbrar el drama completo de la historia de la humanidad, desde la creación hasta la caída de Adán, desde la caída hasta la cruz de Cristo, y desde entonces hasta la consumación de todas las cosas. Allí descubriremos que la suma de todo lo que aconteció se resume en: «Cuando abundó el pecado, sobreabundó la gracia».

Si tuviera el feliz privilegio de predicar este tema sobre un monte soleado con palabras más ardientes de las que hoy me son dadas, todas las almas gemelas que me acompañaran me ayudarían a proclamar la historia a los principados y potestades que habitan en los lugares celestiales. Y los arpistas, puestos en pie sobre el mar de vidrio, volverán a rasguear sus arpas y cantarán otra vez el cántico de Moisés, siervo de Dios, y el cantar del Cordero, y sus cánticos armonizarán con este tema: «Cuando el pecado abundó, sobreabundó la gracia». Por tanto, vayamos a nuestras ocupaciones creyendo que aunque el pecado abunda, la gracia sobreabundará. Vivamos de tal manera que todos puedan ver cómo abunda en nosotros la gracia. Y ayudemos a propagar la maravillosa historia de lo que ha hecho la gracia por nosotros, para que otros puedan buscarla por sí mismos.

«¿Qué gracia dará Dios?». Dará toda clase de gracia. Hay plenitud y variedad de gracia atesorada en Cristo Jesús. Al igual que son muchas nuestras necesidades, también son muchas las formas en que nos bendice la gracia. ¿Se siente usted como un niño que estudia la cartilla de Dios en su gran escuela e ignora sus cosas profundas? Entonces, si quiere comprender con todos los santos cuál sea la altura y la anchura y conocer el amor de Cristo que sobrepasa todo entendimiento, Él le dará gracia. Le dará gracia para instruirle. Le hará conocer incluso como es conocido (1 Cor. 13:12). Le dará su Espíritu Santo, que le guiará a toda verdad y tomará las cosas de Cristo y se las revelará (Juan 16:13). Él le dará gracia instructiva.

Capítulo 5

Gracia y gloria

Gracia y gloria dará Jehová —Salmo 84:11.

Es muy sabio mirar en nuestro interior para descubrir la propia debilidad y pobreza espiritual, pero es gran imprudencia estar siempre dando vueltas a lo mismo y olvidar que nuestra fortaleza no consiste en eso y que la riqueza no se halla en nosotros mismos. Miremos dentro de nosotros mismos para humillarnos, pero no para hacernos incrédulos. Miremos dentro para dejar de poner la confianza en nosotros mismos, pero nunca para socavar nuestra absoluta confianza en Dios. El versículo de los Salmos nos llama a desistir de buscar lo vivo en lo muerto y alhajas en la escoria y la basura. Nos dirige al Dios viviente, fuente superabundante de toda cosa buena, a nuestro Padre, cuyo brazo no se ha acortado para no salvar y cuyo oído no se ha cerrado para no oír. Jehová mismo, el infinito, eterno, inimitable *YO SOY*, dará gracia y gloria. Aunque usted piense que carece de gracia, Él se la dará. Aunque tema que nunca va a obtener gloria, Él puede concedérsela y la derramará sobre usted. «Gracia y gloria dará Jehová». Él hace que dejemos de apoyarnos en las cañas quebradas de la autosuficiencia y nos llama a buscar refugio en la roca de nuestra salvación, donde podemos descansar seguros.

«Gracia y gloria *dará* Jehová». «Dará» nos aparta de nuestra legalidad natural de confianza en el yo. Yo creo que todos somos capaces de volver al cautiverio del monte Sinaí. Somos como esos necios gálatas que fueron «seducidos» para no «obedecer a la verdad», y que «habiendo comenzado por el espíritu», tratan de «acabar por la carne» (Gál. 3:1,3). Habiendo sido salvos por la fe, a menudo intentamos ser perfeccionados por las obras de la ley.

Es extraño que después de haber sufrido el látigo de la servidumbre legal, deseemos volver a los hornos de ladrillo de Egipto para ser una vez más esclavos. El texto afirma que «gracia y gloria *dará* Jehová», lo cual es justamente lo opuesto al salario y nos coloca a los pies de la gracia. ¡Qué bendición es ver un dedo en el cielo que nos hace señas para huir del temblor del monte en el que Moisés mismo confesó que estaba espantado y temblando! (Heb. 12:21). Es una bendición haber sido liberados de los truenos y relámpagos, de la voz de la trompeta, acercarse a la sangre que habla mejor que la de Abel (Heb. 12:24), y oír a Dios hablar acerca de los dones abundantes e inefables que nos dispensa.

Dios declara que ha de concedernos dos dones grandes y espléndidos: primero, el don de la gracia; después, el don de la gloria.

Dios dará gracia

¿A quién dará gracia? En términos generales, podemos afirmar que dará gracia a sus escogidos. Así sucede con el pacto de la gracia. «Tendré misericordia del que yo tenga misericordia, y me compadeceré del que yo me compadezca. Así que no depende del que quiere, ni del que corre, sino de Dios que tiene misericordia» (Rom. 9:15-16). La gracia es soberana. Dios tiene derecho a darla a quien quiera y se cuida de que su soberanía sea vista. Algunos han llegado lejos en su pecado, quizás hasta el borde de la destrucción y su última hora de vida, pero Él les da gracia. No hay nadie sobre quien su amor electivo haya puesto la gruesa flecha del reino que pase de largo sin recibir la gracia.

Dios dará gracia a los que son especialmente redimidos por Cristo. Todos los que Cristo ha redimido y adquirido con su sangre serán suyos, porque le oímos decir: «El buen pastor su vida da por las ovejas» (Juan 10:11). Cristo amó a su iglesia y se entregó por ella. De los escogidos se dice lo siguiente: «Estos fueron redimidos de entre los hombres» (Ap. 14:4). Y aunque la redención de Cristo tiene un aspecto universal claramente enseñado en la Palabra de Dios, hay además una redención especial: «Esperamos en el Dios viviente, que es el Salvador de todos los hombres, mayormente de los que creen» (1 Tim. 4:10). Esa redención especial es de tal especie que Él dará gracia a todos los que se acojan a ella. Ni un solo miembro de ese cuerpo que Cristo ha redimido será mutilado o destruido. Cristo dará su gracia a cada uno de ellos.

Por tanto, al declarar el evangelio tenemos gran confianza en que Dios dará gracia a los que creen. No es posible discernir, excepto por signos y evidencias, quiénes han sido especialmente redimidos, pero podemos asegurar que el Señor dará gracia *a toda alma que crea*. Si usted pone toda su confianza en la expiación de Cristo, Él le dará gracia. Aunque su fe sea tan endeble que no parezca más que una caña quebrada, Él no quebrará su fe, sino que le dará su gracia. Aunque nuestra vida espiritual pueda parecer tan opaca como lino humeante, Él no la apagará, sino que le dará gracia. Si usted descansa en Cristo, aunque tenga mucho temor y recelo mezclados con confianza, no obstante, Él le dará gracia. «Porque todo aquel que invocare el nombre del Señor, será salvo» (Rom. 10:13). No dice cuán fuerte tiene que invocarlo; por muy débil que sea su invocación, con tal que lo invoque Él le dará gracia. «Al que a mí viene, no le echo fuera» (Juan 6:37). No dice el que venga andando, o corriendo, o nadando, sino que, con tal que venga, no será echado fuera. Si cree en el Señor Jesucristo, entonces se puede decir de usted «el Señor le dará gracia».

Lo mismo cabe decir de *todo pecador arrepentido*. Si aborrece su pecado, si resuelve, por el poder de Dios, renunciar a él, si la dulzura del pecado se ha trocado en amargura, si es como arenilla entre sus dientes, entonces Él le dará gracia. Cuando esté completamente hastiado del pecado y del yo, Él le dará gracia para gozarse y regocijarse en Cristo.

Lo mismo cabe decir de *todos los que oran y son piadosos*. Él dará gracia a todos los que le buscan diligentemente por medio del Salvador. Ante el trono de la gracia, sea usted santo o pecador, si se acerca a Dios en oración sincera, Él ya le ha concedido alguna gracia y le concederá más. Cada vez que acude a Dios en oración con confianza sincera en su corazón, puede escribir con letras blasonadas en oro que «Él le dará gracia».

Podría continuar dando ejemplos de distintas características, pero descanse tranquilo, si usted es creyente y practica la oración y el arrepentimiento, hallará que su promesa es verdadera *en cualquier estado en el que se halle.* Si usted sale a trabajar para Dios, Él le dará gracia. No saldrá a guerrear a sus expensas. En la viña, Él le proveerá herramientas y fuerzas apropiadas con arreglo a ese día. Él dará gracia. Y si es apartado del servicio activo y se ve obligado a yacer en un lecho cada vez más duro hasta que se torna insoportable, aún Él le dará gracia. Quizás no haya sido probado en el sufrimiento, pero Él le dará gracia. Tal vez sea por naturaleza de espíritu impaciente, en ese caso espere en Él. Él sabe cómo deprimir su espíritu de una manera y animarlo de otra. Le dará gracia.

Pero soslayando el tema por un momento, preguntémonos: «*¿Qué gracia dará Dios?*». Dará toda clase de gracia. Hay plenitud y variedad de gracia atesorada en Cristo Jesús. Al igual que son muchas nuestras necesidades, también son muchas las formas en que nos bendice la gracia. ¿Se siente usted como un niño que estudia la cartilla de Dios en su gran escuela e ignora sus cosas profundas? Entonces, si quiere comprender con todos los santos cuál sea la altura y la anchura y conocer el amor de Cristo que sobrepasa todo entendimiento, Él le dará gracia. Le dará *gracia para instruirle.* Le hará conocer incluso como es conocido (1 Cor. 13:12). Le dará su Espíritu Santo, que le guiará a toda verdad y tomará las cosas de Cristo y se las revelará (Juan 16:13). Él le dará *gracia instructiva.*

Tal vez se halle rodeado de dificultades. Hay montañas a la espalda y mar rugiente enfrente, y usted se pregunta: «¿Qué voy a hacer?». «No temáis; estad firmes, y ved la salvación que Jehová hará hoy» (Éxo. 14:13). Él le dará *gracia liberadora.* Si no le da dinero para cubrir sus necesidades, le dará gracia para soportar su pobreza. Si no le da salud para levantarse de la cama, le dará gracia para sobrellevar su enfermedad e incluso para regocijarse en el Señor siempre. Él le dará gracia. Y si espera, le dará *gracia directriz.* Oirá una voz cercana que le dice: «Este es el camino, andad por él» (Isa. 30:21). Haga como hizo David cuando dijo: «Trae el efod» (1 Sam. 23:9), para preguntar a los sacerdotes de Dios qué debía de hacer. Si usted espera a que Cristo, Sumo Sacerdote de Dios, tome el Urim y el Tumim, Él se agradará en enviar luz a su alma y gracia directriz para guiarle en su camino. «Al que espera en Jehová, le rodea la misericordia» (Sal. 32:10).

Tal vez no necesite tanto instrucción y dirección como consuelo. Quizá se siente deprimido y hundido en espíritu. Dios puede darle gracia. Un octavo de onza de gracia suele ser mejor que una libra de cualquier cosa que pueda ofrecer el mundo. ¡Qué bendito avivamiento de espíritu puede dar Dios a los abatidos!

Creo que el Espíritu de Dios se deleita en consolar a los enlutados. Lo sé, porque Jesús mencionó el nombre del Consolador, porque necesitamos mucho consuelo para fortalecernos y fortificarnos para todas las pruebas de la vida. Necesitamos mucho el consuelo del Espíritu Santo y esa es su grata ocupación. Se deleita en consolar a todos los que lloran y están cansados.

Cuando un hombre tiene muchos títulos, escogerá naturalmente ser conocido por el que más le gusta. El Espíritu Santo usa el nombre de Consolador aunque tiene muchos otros nombres. Cuando esté afligido y distraído, sea zarandeado por la tempestad y no tenga consuelo, Jesús viene y le dice: «Él te dará gracia». Si Él le da gracia, no necesita que desaparezca el problema, sino que, como Pablo, se sentirá satisfecho con la afable promesa: «Bástate mi gracia» (2 Cor. 12:9).

Posiblemente, no siente aflicción ahora. Ande con cuidado. Sea agradecido y ore para que no le llegue. «No nos metas en tentación, mas líbranos del mal» (Mat. 6:13). Pero es posible que necesite ahora gracia para guiarle a hacer progresos en su *santificación*, y aunque esto pueda parecerle muy difícil en el lugar que actualmente ocupa, abrumado como está con corrupciones internas, no obstante, Él le dará gracia. ¿Tiene mal genio? Deshágase de él. «No puedo dominarlo», exclama. Él le dará gracia. ¿Su corazón se ha vuelto tibio y necesita ser avivado? «¿Cómo?», se pregunta. Él le dará gracia. La gracia es lo que se necesita para devolver al cristiano sanidad de alma; la promesa del Señor indica exactamente este punto. Él le dará gracia. Nunca debe decir que no puede ser santo. Nunca diga que no puede ser tan paciente como Job o tan creyente como Abraham. Job recibió su paciencia y Abraham recibió su fe de Dios. Él no está limitado en los dones que concede. Está tan dispuesto a enriquecernos como lo estuvo con los antiguos. Acuda a Él con la confianza de un niño y diga: «Él me dará gracia».

Puede necesitar fuerza, o protección, o corrección y reprensión. Pero cualquiera que sea su gran necesidad, su gracia la cubrirá. Vaya como la pobre Ana y, aunque sus labios se muevan en oración silente debido a alguna grave aflicción, diga al Señor de qué se trata. Cualquiera que sea la herida, hay medicina para traer la gracia de la sanación. Envuélvase en la promesa de que «Él le dará gracia» y ningún problema es demasiado grande. Puede que no haya cambio de circunstancias, pero si Él le concede su gracia, aquellas serán muy distintas.

Quizá usted tiemble al considerar el mayor enemigo de todos, a saber, la muerte. A medida que se hace mayor, puede que tema su acercamiento. Bueno, Dios le dará gracia, y aunque deba morir, no obstante, la gracia le ayudará a cruzar el Jordán cantando por la parte más honda, triunfante en la gracia que, a buen seguro, le llevará con seguridad a la otra orilla. Él dará gracia a los que sinceramente la busquen.

Y ahora, siguiendo el mismo hilo de pensamiento, pero bajo otra luz, *¿de qué manera dará Dios gracia?*

La dará suficientemente. Él le dará tanta como necesite, aunque ciertamente no le sobre. Siempre hubo maná suficiente para cada día, pero no más. Habrá gracia abundante para cuando abunde la tentación o la prueba. Y para los que pasan por muchas pruebas, habrá gracia superabundante.

Él dará su gracia en el momento *oportuno*. Siempre llegará cuando se necesite. Cuando la aflicción o la prueba lleguen, llegará también su gracia. Cuando usted llegue al punto en el que siente que debe desprenderse de su carga, se le dará gracia que fortalezca su espalda para llevar la carga. No hallará abundante gracia cuando no la necesite, sino que como tus días serán tus fuerzas (Deut. 33:25).

Dios también enviará su gracia *prontamente*. No tendrá que fatigarse ni agotarse. No tendrá que trabajar y esforzarse para conseguirla. Descenderá sobre usted como la miel del panal. Vendrá a usted tan liberalmente como el agua borbotea del gran manantial. Él será ayuda muy presente en la dificultad, ya que se deleita en librarle como corresponde (Sal. 46:1).

Y la gracia vendrá a usted *constantemente* —no ocasionalmente o algunas veces—, sino en todo tiempo, día y noche. Dios nunca cesará de bendecirle, porque su misericordia es para siempre. Si la tierra olvidara el pacto que Dios hizo con el sol y la luna, si el tiempo de la siembra y la cosecha se acabara, como debe suceder al final de los tiempos, aunque desaparezcan los montes y huyan las colinas, con todo, el pacto de su gracia no le abandonará. La gracia vendrá a usted constantemente.

Recuerde bien una cosa. La gracia vendrá a través de la mediación de Cristo. Usted obtendrá su gracia de Él, en quien agradó al Padre que habitase toda la plenitud de la deidad (Col. 1:19). Y en otro sentido, la obtendrá a través de los medios estipulados. «Aún seré solicitado por la casa de Israel, para hacerles esto» (Eze. 36:37). Él le dará gracia, pero usted deberá pedirla. Le dará gracia, pero deberá escudriñar las Escrituras para descubrirla. Le dará gracia, pero tendrá que recurrir a los medios que Él le ha concedido. Deberá estar en comunión con Dios y acercarse a Él. Deberá tener tiempos de retiro tranquilo y quieta meditación, porque aunque el Señor haga fluir el conducto de su gracia hasta la vida cotidiana, Él espera que su pueblo traiga sus jarros para llenarlos. Él pone la mesa, pero no nos obliga a comer. Hemos de acercarnos a la mesa y comer lo que ha preparado. Él es liberal y generoso. Hay más que suficiente para colmar todas y cada una de sus necesidades. Le dará gracia, pero tendrá que acudir a Él a buscarla del modo señalado.

Antes de concluir con esta primera bendición prometida, *¿a quién da Él gracia?* Volvemos al punto de partida. «Él le dará gracia». ¡Cómo deseo que todo creyente se aferre a su Dios! Él le dará gracia. Usted no obtendrá gracia de su propio yo. Nunca brotará de nosotros mismos aparte de Dios. No obtendrá gracia recurriendo únicamente a los medios de la gracia, como intentan algunos observando mecánicamente su oración matutina, o asistiendo al culto público, o leyendo capítulos de la Biblia y sintiéndose satisfechos. ¡No! Tendrá que acudir a Dios que es quien da la gracia, porque ningún otro puede. ¡Y qué bendición es no necesitar a nadie que le ayude a ir a Él! Puede acercarse a Él por medio de Jesucristo, porque ha prometido por Sí mismo darle gracia. No la obtendrá trabajando y orando en sí mismo, pero si su mente se pone a bien con el Dios invisible y le pide gracia, Él se la concederá. No hay nadie que haya buscado sinceramente la gracia de Dios y no la haya recibido más pronto o más tarde. Un hombre puede buscar mucho tiempo, pero aunque la promesa tarde, espérela. Vendrá. Dios es fiel a su promesa y a su debido tiempo responderá su oración. «Él le dará gracia». No borre la promesa de su corazón sino ásgase y aférrese a ella como un náufrago se aferra a un tablón.

Dios dará gloria

«Gracia y gloria dará Jehová». La palabra *y* puede parecer insignificante, pero en este caso no aceptaríamos cien mil dólares a cambio de esta letra. Dios ha remachado ambas cosas, gracia y gloria. A muchos les gustaría arrancar ese diamante, pero no pueden. El Señor no dice que dará gracia y perdición, ni tampoco que dará gloria sin dar antes gracia. Él asegura que dará ambas cosas a la vez.

Si obtenemos gracia, tendremos, desde luego, gloria, porque ambas van atadas en un mismo manojo. Ambas son estrellas gemelas que brillan juntas, y si ha recibido su gracia, no puede rechazar su gloria. La gracia florecerá en gloria como cuando brota el bulbo. La gracia se levantará cual fuente, y la gloria será su río que fluye.

Si poseemos gracia, no pereceremos, pero si no la tenemos, pereceremos y no conoceremos la gloria. No es posible que sean glorificados los que no han sido antes justificados y santificados. Si la gracia no reina en nuestro corazón, no reinaremos en el cielo.

«Gracia y gloria dará Jehová». ¡Cuánto poder necesitamos para ver y entender la gloria que Él dará! «Cosas que ojo no vio, ni oído oyó, ni han subido en corazón de hombre, son las que Dios ha preparado para los que le aman. Pero Dios nos las reveló a nosotros por el Espíritu… para que sepamos lo que Dios nos ha concedido» (1 Cor. 2:9-12). Tenemos, por tanto, una ligera idea de lo que es esa gloria. El ojo no la tiene, el oído tampoco, pero el alma iluminada, enseñada por el Espíritu de Dios, sabe lo que será la gloria. Sabemos sin sombra de duda que la gloria que hemos de recibir es la *gloria del cielo*. Sea cual fuere el cielo, lo que signifiquen las calles de oro reluciente, las puertas de perlas, los muros de jaspe y calcedonia y zafiro; sea cual fuere lo que signifiquen el río de agua de vida y los árboles que dan doce clases de fruto para sanidad de las naciones —todo esto, en suma perfección, es la herencia de los que han recibido gracia en su corazón—. ¡Usted tendrá arpas! ¡Ondeará palmas delante del Rey! ¡Se sentará con Abraham, Isaac y Jacob en el Reino de Dios! Si hay grados de gloria, como aseguran algunos, es completamente cierto que el menor de los santos tendrá gloria, y no acierto a ver cómo el mayor de ellos puede tener más.

Los guardas de las puertas, si hubiere tal empleo en la alta casa del Señor, tendrán gloria. Estoy seguro que cabe decir del cielo que si tuviéramos allí el cargo más ínfimo, bendeciríamos al Señor por toda la eternidad. La gloria que Dios puede dar es la gloria del cielo.

Después está la *gloria de la eternidad.* ¡Eternidad! ¡Cómo empezar a pronunciar la palabra que aún no conocemos! ¡Eternidad! ¡Eternidad! ¡Eternidad! Tendrá que manifestarse. Siempre estamos confundiéndola con el tiempo y hablando de las «eras incontables de la eternidad», como si hubiese «edades» o existiera algo para contar la eternidad. La eternidad tiene una duración inacabable. La gloria que Cristo nos ha de dar será de tal magnitud. No conocerá pausa, jamás se acercará a su conclusión, nunca declinará, y nunca nos cansaremos de ella, ni se cansará ella de nosotros. Es la gloria de la eternidad.

El Señor asegura más adelante que la gloria que Él dará a su pueblo es *la gloria de Cristo.* «La gloria que me diste, yo les he dado, para que sean uno, así como nosotros somos uno» (Juan 17:22). ¿Puede imaginarse cuán glorioso es Cristo, no sólo en su naturaleza original, sino habiendo obtenido como galardón sentarse en el trono de su Padre? Sea cual fuere la gloria que tiene Jesús, la compartirá con nosotros, cuando seamos como Él y le veamos como Él es. Es la gloria de Cristo.

Y para coronarlo todo, *es la gloria del Padre mismo*, porque Cristo participa de la gloria de su Padre, como haremos nosotros. ¿No anhela y suspira su corazón por conocer y disfrutar efectivamente en qué consiste esa gloria? ¿Por dejar de mirar oscuramente en el vaso y contemplar finalmente el rostro de Cristo, cuando las nubes y la neblina sean barridas y en la serena atmósfera del cielo admire al Rey en su hermosura y la tierra muy lejana?

Es *la gloria de la victoria.* La gloria que Dios dará a su pueblo es la gloria del aplastamiento de Satanás bajo sus pies, la gloria de ver la espada y el escudo del enemigo para siempre desmenuzados. Es la gloria de ver a todas las huestes del infierno eternamente confusas y avergonzadas por cada uno de los santos en quienes Cristo reinará para siempre.

Es *la gloria del perfecto descanso, perfecta felicidad y perfecta seguridad*. Es la gloria de la pura bienaventuranza. El que sabe cómo será cuando el alma rebose y aun desborde de felicidad flotará, nadará, buceará y se sumergirá en océanos de descanso celestial. No será posible que una persona esté allí con deseos insatisfechos o no cumplidos. Todo poder hallará su plena expresión sin fatiga y toda pasión será completamente colmada sin el mínimo temor al pecado.

El texto afirma: «Gloria dará Jehová». De modo que, aunque la gloria es un galardón y así se llama a menudo, sigue siendo un don. Las recompensas de la gracia son de gracia. No se nos conceden recompensas legales porque las merezcamos. Cristo otorga gracia a sus siervos para que le sirvan y después les recompensa como si le hubieran servido en sus propias fuerzas, aunque su servicio es más Su obra en ellos que la obra de ellos por Él. No hay un alma en el cielo que haya llegado allí por mérito propio. No hay una nota de fariseísmo que contamine la canción de gracia gratuita delante del trono. Todo es por amor, amor inmerecido, amor sin límites, amor que ha de ser exaltado por toda la eternidad.

Pero *¿cuándo dará Él gloria?* Si usted ya es hombre o mujer adulto, la recibirá en menos de setenta años a partir de hoy. Esto no es mucho tiempo, y esto en el caso de que llegue a ser anciano. Algunos alcanzarán el país de la gloria muy pronto. Puede que sigan aquí un poco más, pero ¿qué más da un poco de tiempo? En realidad no supone ninguna medida. La vida en la tierra es increíblemente corta comparada con la eternidad. Cuando lleguemos al cielo, nos admiraremos de haber dado tanta importancia al tiempo. Una hora de Dios compensará con creces toda una vida de aflicción. Supongo que la mera contemplación de Cristo arrebatará todo el sabor amargo de la vida para siempre. Nos maravillaremos por habernos afanado y preocupado por cosas tan pequeñas, por fruslerías insignificantes. Nos maravillaremos que leves aflicciones, que sólo duraron un momento y no merecían ser comparadas con el eterno peso de gloria, ejercieran a veces una influencia tan deprimente sobre nuestro espíritu.

Llegaremos a la gloria *cuando nuestra obra haya finalizado.* No tendremos que esperar el salario ni un momento después de haberlo ganado. Llegaremos a la gloria cuando estemos listos para recibirla. El agricultor recoge el fruto cuando ya está maduro. Algunos frutos maduran rápidamente; otros tardan más. Llegaremos al cielo cuando hayamos sido realmente probados en el horno hasta que ya no sean necesarias más pruebas, cuando hayamos pasado por la última tribulación, sido completamente santificados y se haya cumplido el proceso.

Iremos al cielo *justamente cuando Dios lo decida.* El diablo con todas sus huestes del infierno no podrá retenernos ni un instante. Iremos allá cuando el cielo sea más cielo para nosotros. Cuando deberíamos haber decidido ir si hubiéramos tenido la sabiduría de Dios para decidir por nosotros mismos. Iremos allá cuando Cristo esté listo para recibirnos y cuando sepamos que Él ha preparado un lugar para nosotros. Seamos, pues, pacientes y aferrémonos fuertemente a esta agradable promesa: «Gracia y gloria dará Jehová».

El inglés es un idioma pobre en comparación con el griego, por eso creo que Pablo gimió cuando escribió el incomparable texto en griego porque ni siquiera podía expresar todo su significado. Yo podría haber redactado la frase: «La riqueza hiperbólica de la gracia» o «la superabundante, excesiva, rebosante riqueza de la gracia de Dios». Pero aunque amontonase epítetos no podría proporcionarle lo que Pablo quiere dar a entender. Note, en primer lugar, que las riquezas de la gracia de Dios sobrepasan todo límite. Dios tiene tanta merced como usted pueda necesitar, y aun muchísima más. El Señor tiene tanta merced como el universo entero pueda requerir e inmensamente más. Sobreabunda. Todas las peticiones que se puedan hacer a la gracia de Dios no la empobrecerán ni disminuirán su depósito de misericordia. Siempre quedará una preciosa, incalculable, mina de misericordia tan repleta como cuando comenzó a bendecir a los hijos de los hombres. Dios es tan rico en misericordia que uno no puede adivinar su riqueza. Sus riquezas son superabundantes, maravillosas, insuperables. Él es infinito en todos sus atributos, pero con especial énfasis en su amor.

Capítulo 6

La superabundante riqueza de la gracia

Para mostrar en los siglos venideros las abundantes riquezas de su gracia en su bondad para con nosotros en Cristo Jesús
—Efesios 2:7.

Por este versículo resulta evidente que Pablo esperaba plenamente que el evangelio de la gracia de Dios fuera predicado en los siglos venideros. No concibió un evangelio temporal que pudiera ser mejor, sino que tuvo la seguridad de que el mismo evangelio sería predicado hasta el fin de la dispensación. Y estimo que Pablo estaba declarando que la eternidad misma no puede mejorar el evangelio. Cuando todos los santos estén congregados en su hogar, aún hablarán de las maravillas del amor de Jehová en Cristo Jesús, y en las calles de oro se levantarán y contarán lo que el Señor hizo por ellos ante atentas multitudes de ángeles, principados y potestades. Pablo esperaba que a través de los siglos venideros el evangelio resplandeciera con el mismo fulgor.

Pablo vio a los efesios recién rescatados del cenagal de la idolatría a la misma luz que se vio a sí mismo cuando dijo que el Señor le había mostrado toda su clemencia para dar ejemplo a los que habrían de creer en el nombre de Cristo (1 Tim. 1:16). Fueron ejemplos de lo que Dios puede hacer por medio del evangelio y seguirá haciendo hasta que toque a su fin la presente dispensación. Podemos concluir con aplastante lógica que el evangelio es completamente inalterable. Pablo sostuvo que los mismos resultados seguirían en todos los siglos como consecuencia de la predicación del mismo evangelio del cielo. Aférrese a ese evangelio original, porque nunca le podrá decepcionar ni fallar.

Aprenda también de este lenguaje paulino que todo siglo supera a los que lo precedieron. Mientras que en el segundo siglo los hombres sólo se podían referir a la experiencia de cien años adquirida por los santos, ahora tenemos la experiencia acumulada de los testimonios personales de creyentes de veinte siglos. Cada año y cada día han traído nuevos trofeos, aportado nueva evidencia de su poder. No tenemos necesidad de preguntarnos si será bueno comer este pan o si osaremos vadear este arroyo. En estos veinte siglos las huestes de Dios han cruzado las aguas seguras y nosotros no tenemos más que sumarnos a sus filas y seguir el camino que nos indican. Rodeados de abrumadora evidencia, vemos avanzar el evangelio de Jesús, conquistando y para conquistar. Oímos diez mil veces las diez mil voces que claman: «Cristo es el poder y la sabiduría de Dios». No podemos cesar de proclamar la misericordia de Dios tal como se despliega en el sacrificio expiatorio de nuestro Señor Jesús, ya que garantías infalibles fortalecen nuestra confianza y encienden nuestro corazón. De este modo se cumple el propósito de Dios: que los que han probado la bondad de las abundantes riquezas de su gracia para con los hombres en Cristo Jesús las den a conocer en los siglos venideros.

Cuando considero este texto, soy completamente incapaz de expresarme por causa del gozoso asombro. Siento que debería sentarme y perderme en adoración. He aquí un vasto y fértil país, una tierra de valles y colinas, una tierra de manantiales y arroyos. ¿Quién la espiará y establecerá sus límites? Intentaré mostrarle parte del mismo, pero no le puedo mostrar todo el país. Debe viajar allá por usted mismo. Es un asunto real: «las abundantes riquezas de su gracia en su bondad para con nosotros en Cristo Jesús».

La bondad del Señor

Qué bondad mostró Cristo al *escoger pecadores como éramos nosotros*. Los efesios habían sido idólatras y muy supersticiosos. Recordará cuán fuerte gritaron: «Grande es Diana de los efesios» (Hechos 19:28). No hubo preparación en ellos para arrojar sus ídolos y adorar al gran Invisible. No había en ellos nada que atrajera la luz que brilla en el Cristo de Dios. Estaban lejos —como dice Pablo—, sin esperanza, real y verdaderamente sin Dios en el mundo (Efesios 2:12-13). No obstante, éstos fueron precisamente a los que las abundantes riquezas de la gracia de Dios sacó de tinieblas a luz admirable. Estaban muertos en delitos y pecados. «En los cuales anduvisteis en otro tiempo, siguiendo la corriente de este mundo, conforme al príncipe de la potestad del aire… haciendo la voluntad de la carne y de los pensamientos, y éramos por naturaleza hijos de ira» (Efe. 2:1-3). Pero la gracia de Dios vino a ellos y llamó a la iglesia de Éfeso para que publicara alabanzas a Dios.

Y nosotros, ¿qué somos? Puede que no hayamos estado hundidos en la idolatría de Éfeso, pero éramos pecadores de diversa manera. Todas las ovejas se descarriaron, aunque cada una siguiera un camino distinto. Cumplíamos los deseos de la carne y de la mente. Teníamos la misma voluntad tozuda y firme propósito, cualidades bajo la influencia del diablo, que pronto obligan a descender por el pasaje que conduce al infierno. Si se nos hubiera permitido sembrar nuestra avena silvestre, ¡qué cosecha habríamos recogido en el presente! Demos gracias a Dios por su amor preventivo. Algunos se alejaron mucho y se sumergieron profundamente en el pecado, pero ¡qué maravilla de gracia y milagro de amor fue que Dios los escogiera y les atrajera hacia sí! Recuerde siempre lo que habría sido si no hubiera sido por la bondad de Dios por usted en Cristo Jesús. Y recuerde que el Señor nos ha mostrado esta benevolencia para que otros como nosotros puedan ser inducidos a creer en el mismo favor. No obstante, ninguna doctrina, por claramente expresada, causará tanta influencia en otros como los ejemplos de la vida real. En efecto, cuando contamos la historia de la misericordia de Dios para con nosotros es como si les dijéramos: «Venid y no seréis rechazados. Abandonad vuestro pecado como hemos hecho nosotros. Confiad en Jesús, y hallaréis la misma misericordia para vuestra salvación». Es delicioso vivir asentado en las palabras «su bondad para con *nosotros*».

Pero no sólo se pide prestar atención a las personas a quienes Dios escogió, sino también a su bondad desplegada en *los bondadosos hechos que Él les ha mostrado*. Subraye las abundantes riquezas de su gracia en su bondad para con nosotros. Él nos escogió antes de encender las estrellas. Escribió nuestros nombres en el corazón y las manos de Cristo antes de establecer los cimientos de las colinas. En la plenitud de los tiempos, entregó a Cristo por nosotros, al bendito Cristo de quien decimos: «El cual me amó y se entregó a sí mismo por mí» (Gál. 2:20). Hizo un pacto con nosotros, en Cristo Jesús, que permanecerá cuando todas las cosas creadas se disuelvan. Y después de hacer esto, vigiló sobre nosotros cuando éramos esclavos del tirano Satán. Benignamente, nos guardó de hundirnos más en la transgresión y de cometer el pecado que es para muerte. Entonces nos llamó y, como no veníamos, nos atrajo por la fuerza por su gracia efectiva. Luego nos lavó y fuimos más blancos que la nieve. Trajo la mejor prenda, nos vistió con ella y fuimos hermosos a sus ojos. Nos dio el beso de la dulce aceptación, nos acogió como hijos y nos trata con su amor. Hemos sido guiados, conducidos, instruidos, sostenidos y santificados, y el Salvador todopoderoso sigue haciendo milagros de misericordia por nosotros. Él ha abierto una senda para que podamos ascender hasta la diestra de Dios, el Padre, y nos sentemos en los lugares celestiales con Cristo. ¿Qué no ha hecho Él? ¿Qué más podía hacer? ¡Oh, qué grande es la bondad, la multiforme bondad, la superabundante, excelente, inconcebible bondad de Dios en su amabilidad para con nosotros en Cristo Jesús!

Me veo obligado a detenerme un momento en esa última frase: Su amabilidad para con nosotros *en Cristo Jesús*. Este es el canal por el que todas las bendiciones han venido a nosotros. Dios concede misericordias comunes a los hombres como criaturas suyas, pero las riquezas de su gracia llegan a nosotros como escogidos suyos a través del Mediador. Uno puede ver la marca de la cruz en cada bendición espiritual que el Padre nos ha otorgado. Hace que cada bendición de pacto sea mucho más valiosa porque nos fue traída por la mano del Amado. Por su expiación nos es procurada, y por su intercesión incomparable nos es realmente concedida. Todas las cosas llegan a nosotros a través de Cristo Jesús. Él es el tubo de oro del conducto de amor eterno, la ventana a través de la cual brilla la gracia, la puerta por la que entra. Medite estas palabras en su alma una y otra vez y vea si la música misma del cielo no reposa en ellas, de modo que su fe pueda invocarlas y acuñarlas en aleluyas. «Las abundantes riquezas de su gracia en su bondad para con nosotros en Cristo Jesús» —este es un himno digno de ser cantado por los coros celestiales. Cántenlo, ¡oh escogidos del Señor!, mientras esperan para ascender a su monte santo.

Las abundantes riquezas de su gracia

El inglés es un idioma pobre en comparación con el griego, por eso creo que Pablo gimió cuando escribió el incomparable texto en griego porque ni siquiera podía expresar todo su significado. Yo podría haber redactado la frase: «La riqueza hiperbólica de la gracia» o «la superabundante, excesiva, rebosante riqueza de la gracia de Dios». Pero aunque amontonase epítetos no podría proporcionarle lo que Pablo quiere dar a entender. Note, en primer lugar, que las riquezas de la gracia de Dios *sobrepasan todo límite*. Dios tiene tanta merced como usted pueda necesitar, y aun muchísima más. El Señor tiene tanta merced como el universo entero pueda requerir e inmensamente más. Sobreabunda. Todas las peticiones que se puedan hacer a la gracia de Dios no la empobrecerán ni disminuirán su depósito de misericordia. Siempre quedará una preciosa, incalculable, mina de misericordia tan repleta como cuando comenzó a bendecir a los hijos de los hombres. Dios es tan rico en misericordia que uno no puede imaginar su riqueza. Sus riquezas son superabundantes, maravillosas, insuperables. Él es infinito en todos sus atributos, pero con especial énfasis en su amor.

Su gracia es *sobre toda observación*. La pequeña gracia que usted ha vislumbrado no tiene proporción con su gloriosa totalidad. Es como un hombre en la playa de Brighton que piensa que está viendo el mar. Nadie ha visto jamás por completo el vasto y majestuoso océano en toda su longitud, anchura y profundidad. Nadie ha podido nunca verlo en todas sus bramantes orillas y cuevas vacías. Así son las «abundantes riquezas» de la gracia de Dios —su inescrutable, su eminente conocimiento—. Mi pobre pluma y lenguaje basto se quedan cortos. Desborda mi alma y anega mi lengua, pero usted debe considerarla por sí mismo. La gracia de Dios sobrepasa todo lo que conoce, todo lo que ve y todo lo que piensa.

De manera que lo siguiente que subrayaré es que esta gracia está por *encima de toda expresión*. Pablo, aunque estaba lleno del Espíritu

Santo, no podía declarar todo el amor de Dios en Cristo Jesús, porque su amor es inefable. «Gracias a Dios por su don inefable» (2 Cor. 9:15). Si domináramos todas las lenguas humanas y angélicas, no podríamos declarar todas las riquezas de la gracia de Dios. En absoluto. Si todos los oradores que han vivido hicieran de éste su único tema, y todos ellos estuvieran bajo la influencia del Espíritu divino, aun así, el lenguaje humano no podría abarcarla. Si conociéramos el idioma de los ángeles, ni siquiera podríamos declarar la gracia de Dios. Los santos más experimentados lamentan la debilidad de toda clase de discurso para describirla.

Nos vemos obligados a añadir que está por encima de *nuestras maneras de actuación*. El evangelio nos ha enseñado a perdonar, pero esto no lo aceptamos de manera natural. Si alguien nos trata mal, le perdonamos con dificultad. Y si le perdonamos, no siempre olvidamos. Pero tanta es la grandeza de la misericordia de Dios, que nosotros, que nos hemos cansado —y le hemos cansado a Él— de pecar, no obstante, no hemos consumido su compasión. Dios se deleita en perdonar: «Se deleita en misericordia» (Miq. 7:18). Veintiséis veces en un mismo salmo el dulce cantor proclama «porque para siempre es su misericordia» (Sal. 136). Toca la campana una y otra vez. Tu misericordia es muy escasa, y tu mal genio es raudo, de modo que te enfadas muy pronto, pero no sucede así con Dios. Tan asombrosos son los caminos de su gracia que no son discernibles. No podemos seguirlos y apenas podemos creerlos porque son muy distintos de los nuestros. Sus caminos son mucho más altos que los nuestros, y también sus pensamientos, como son más altos los cielos que la tierra (Isa. 55:9). Las mentes más amables, mansas y amorosas quedan muy atrasadas en esta carrera de amor. Nuestro pequeño arroyo de bondad discurre después de mucho bombeo y presión, pero el río del amor divino fluye con total libertad.

Y los caminos de la gracia *escapan a nuestro entendimiento*. En el mundo han nacido de vez en cuando algunas mentes famosas, hombres que han explorado el sol, seguido el rastro de las estrellas y escudriñado las profundidades de la tierra. Dios levanta de vez en cuando mentes privilegiadas que perciben y descubren su sabiduría en la naturaleza. Pero nunca hubo ni habrá entendimiento humano que pueda captar plenamente las incomprensibles riquezas de la misericordia de Dios en Cristo Jesús. Apenas la he tocado con el ala de una golondrina; no he buceado en las profundidades insondables, ni tampoco puedo. Jehová es un Dios tan maravillosamente perdonador, tan rico en misericordia que nuestro entendimiento no puede contar tan ingente suma. Si nuestros pensamientos se elevaran hasta lo más alto y nuestros corazones fueran tan puros que pudiéramos ver a Dios, ni siquiera entonces podríamos conocer las riquezas extraordinarias de su gracia para con los que creemos. El más alto pensamiento de la mente más santa jamás se elevó a la altura de este argumento. La concepción poética más magistral desfallece, su ala pende y cae a tierra en presencia de esta misericordia que es más alta que los cielos.

Además, las abundantes riquezas de la gracia de Dios se pueden adivinar por el hecho de que la misericordia divina está por *encima de nuestros pecados*. Usted no puede pecar tanto como Dios le pueda perdonar. Si se trata de una batalla entre el pecado y la gracia, no podrá ser tan malo como Dios bueno. Sólo puede pecar como hombre, pero Dios le puede perdonar como Dios. Usted peca como criatura finita, pero el Señor le perdona como Creador infinito. Este pensamiento estremeció mi alma anoche; me sentí como Abraham cuando rio de gozo. Yo peco como hombre, pero Él me perdona como Dios. Nunca pecaremos para que abunde la gracia, porque eso sería detestable. Pero qué bendito texto es: «Cuando el pecado abundó, sobreabundó la gracia» (Rom. 5:20). Por grosero e intolerable que sea su pecado, sin embargo, no es más que una gota de un cubo comparada con el inmenso océano del amor perdonador. ¿No magnifica esto la misericordia de Dios?

Una vez más, la misericordia de Dios es *mayor que sus promesas*. «Pero», dice usted, «hemos leído de "grandes y preciosas promesas"». Yo le digo que su misericordia es más gloriosa que sus promesas, porque su misericordia es padre de las mismas. El Señor tuvo misericordia y gracia antes de hacer una sola promesa. Debido a que su corazón ardía de amor hizo un pacto de gracia y escribió en él palabras de paz. Sus promesas son surtidores preciosos que saltan en los desiertos de nuestra condición perdida y arruinada, pero la profundidad subyacente es más rica que la fuente de la que brotan. La misericordia de

Dios, como fuente, es mayor que las promesas que de ella brotan, e infinitamente mayor que las interpretaciones limitadas de las promesas que no alcanzan su verdadero significado.

La misericordia de Dios es *mayor que todo lo que sus hijos hayan recibido hasta la fecha*. Sus redimidos constituyen una multitud que ningún hombre puede contar, y cada uno de ellos depende enormemente de la fuente de la gracia. No obstante, hay mucha más gracia en Dios de la que ya ha concedido. Cometemos un error si pensamos que su misericordia es dada por completo en esta vida. Buena parte de su misericordia está reservada para ser disfrutada en el mundo venidero. El Señor ha preparado para los que le aman una bendición inconcebible. Hay cielo, gloria, y toda la bienaventuranza de inacabables siglos reservados. ¡Oh!, ¡cuán inmensa es la riqueza de los divinos depósitos! No habrá posibilidad de agotar el flujo maravilloso de misericordia que fluye del trono de Dios. La capacidad divina de dar es mayor que la capacidad humana de recibir.

El hecho es que esta gracia sobrepasa toda medida. Es más alta que nuestro pecado, aunque sea en extremo nefando y amenace orgullosamente las puertas del cielo. Es más alta que nuestros pensamientos, aunque nuestra imaginación emprende a veces el vuelo de un cóndor. ¡Qué alta es la divina misericordia! Se eleva hasta el trono del Eterno. En cuanto a las profundidades de la gracia, aunque el mar encierra profundidades inmensas, la misericordia de Dios es del todo insondable. Grandes pecados se hunden en él y se pierden, pero la gracia es tan honda como antes, después de haberse tragado todo el pecado del mundo. Hay lugares inconcebiblemente profundos en la misericordia de Dios donde se pierden los pecados más negros. De aquellos salen las más finas perlas de la gracia. ¡Qué profundidades sin fondo! En cuanto a la anchura de su misericordia, David dijo: «Cuanto está lejos el oriente del occidente, hizo alejar de nosotros nuestras rebeliones» (Sal. 103:12). ¿Qué mayor anchura se puede concebir? En cuanto a su longitud, es desde la eternidad hasta la eternidad. ¿Puede alguien decirme que longitud es ésa? Mis pecados comenzaron hace menos de cincuenta años, pero la misericordia del Señor —¡ay!, ¿cuándo comenzó?— siempre estuvo con Él, y su plan de hacer misericordia es desde la eternidad. El pecado del hombre tuvo principio, pero no así el amor perdonador. ¿Quién puede abarcar un asunto que en cualquiera de sus medidas sobrepasa con creces toda computación humana? La gracia está por encima de todo cálculo.

Vengamos, pues, vengamos. Por mucho que nos hayamos extraviado y contaminado, Dios se deleita en misericordia. No deshonre a mi Señor midiendo su pecado y afirmando que sobrepasa a su misericordia. ¡No puede ser! Usted no tiene idea de la naturaleza gloriosa de mi Señor. Un niño puede llenar su cubito con agua del mar, pero éste no la echará de menos. Su pecado es como ese cubo y puede llenarlo hasta el borde de misericordia, pero el océano de amor jamás echará en falta todo lo que usted pueda sacar de él. Venga, tome todo lo que pueda, y nadie le preguntará nada. Lave sus manchas carmesíes en esta corriente pura, y será tan puro como al principio. No hablaré yo a la ligera de su pecado, pero le repito una vez más que comparado con la infinita misericordia de Dios, no es más que una sombra para el sol o un grano de arena para los mares.

Más gracia aún

¡Qué abundantes riquezas de gracia tuvo Dios con nosotros cuando a pesar de resistirle en los días de nuestro pecado Él resolvió vencer nuestra necedad! El Señor implora a los pecadores que acepten su gracia: «Venid luego, dice Jehová, y estemos a cuenta» (Isa. 1:18). Él pide y suplica a los hombres que sean salvos, les ruega, les suplica y razona con ellos que se vuelvan a Jesús y vivan. Esto es una abundante riqueza de gracia. Él aguarda una larga espera, llama a nuestra puerta, aunque no le permitamos entrar. No aceptará un no por respuesta.

Las abundantes riquezas de su gracia se aprecian en que *no nos impuso condiciones*. Cuando el Señor Jesús nos encontró, no se quedó fuera. Oí a alguien decir el otro día: «No siento suficiente quebranto de corazón». ¿Quién ha dicho que Cristo demandase tanto quebranto de corazón o tanta humillación de espíritu antes de darnos su misericordia? Cristo viene a usted tal como se encuentra, en su alienación y su enemistad, y trae en sus manos todo lo que usted necesita. A eso es a lo que llamamos gracia franca y generosa. No había nada que atrajera a Cristo a nosotros. Nos vio tendidos en la cuneta, contusionados y heridos, y no dijo: «Vamos, pobre hombre, levántate, y te sanaré las heridas». No. Él vino donde estábamos tendidos, sin poder estirarnos, y derramó vino y aceite, y lo hizo todo sin ayuda nuestra. Estas son las «abundantes riquezas de su gracia»: da con liberalidad todo lo que necesitamos, si se lo pedimos, si estamos vacíos, y nos llena con su amor.

Creo que nunca conocí las «abundantes riquezas de su gracia» mejor que cuando pensé en *cómo funciona su gracia*. Hace todo esto con una palabra. Declara vida a un pecador muerto con una palabra: «Vive» —dice— y el muerto resucita. El que había sido tenido por injusto es reconocido justo por voluntad de Dios, y Él es justo para los que Dios reconoce justos: por la imputación de la justicia de Cristo son verdaderamente justos.

Si desea más prueba de las «abundantes riquezas», considere el poder de la sangre. Una vez lavado en la fuente bermeja, todos sus pecados se disipan, toda mancha es lavada para siempre. El que es una vez lavado en la sangre expiatoria nunca volverá a estar sucio. El lavamiento es completo para siempre. El glorioso Sumo Sacerdote hizo una ofrenda por el pecado, solo una. La hizo una vez, y por medio de ella aniquiló todos los pecados de su pueblo de un solo golpe, de una vez por todas. Tan estupendos misterios de la gracia han forjado su palabra y su sangre.

¿No han sido las «abundantes riquezas de esta gracia» maravillosas para usted? ¡Y pensar que Él nos acepta como creyentes a pesar de que no teníamos ni medio grano de fe! E incluso nos trató como creyentes cuando éramos más incrédulos que confiados. En cuanto al arrepentimiento, parecía un lamento tan hueco y tan débil, y a pesar de todo, lo reconoció como arrepentimiento. Nuestro pobre amor por Él ha sido como una chispa escondida en la ceniza, sin embargo, Él la ha llamado amor. Nos ha conocido mejor que nos conocemos a nosotros mismos, y ha sabido que le amábamos a pesar de la debilidad de nuestro afecto. Y aunque nos avergonzáramos de esas pobres, frágiles, bondades nuestras, sin embargo, Él se regocijó en ellas y las tuvo por gozo como don de su Espíritu.

Y desde nuestra conversión el Señor *nos sostuvo* y nos ayudó a sostenernos en Él. Le probamos penosamente una y otra vez. A veces hablamos de nuestras pruebas. Pero hay otra cara de la moneda. Piense en las pruebas de Cristo y en cómo le hemos apesadumbrado. Debemos haber provocado su Espíritu diez mil veces. Con todo, nos ama infinitamente y no nos ha desechado. No se enfrió su amor; y a pesar de nuestra frialdad, Él nos ama todavía con corazón grande e infinito.

Pero cuando lleguemos al cielo, verdaderamente nos asombraremos de la misericordia que mostrará con nosotros al ponernos a su diestra. Podemos rendirnos y abandonar la inacabable tarea de intentar comprender su suma. El Señor seguirá anegándonos con su misericordia, su gracia y su favor, por siempre jamás. Nos diremos unos a los otros, cuando hayan transcurrido millones de años: «Hermano, ¿no es asombroso? Ahora conozco mucho mejor la gracia de Dios, pero estoy tan lejos como siempre de conocerla en su totalidad, ya que ahora conozco mejor mi ignorancia. Sólo conozco mejor la medida de lo que no conozco».

No se puede acceder a la salvación por gracia por ningún otro medio más que por la fe. Este carbón encendido del altar de Dios requiere de las tenazas doradas de la fe para transportarlo. La salvación en nuestro caso significa liberación de la culpa y de la ruina, y esto no se puede conseguir llevando a cabo cierto número de buenas obras, ya que no estamos en condición de realizar ninguna. Si tuviéramos que ejecutar obras para obtener la salvación, ésta habría sido pronto adeudada por salario, no por gracia. La salvación por gracia sólo puede ser aprehendida por la mano de la fe. El intento de conseguirla cumpliendo ciertas obras de la ley haría que la gracia se evaporase. La gracia no es gracia si está mezclada con obras.

Capítulo 7

Todo de gracia

Porque por gracia sois salvos por medio de la fe; y esto no de vosotros, pues es don de Dios —Efesios 2:8.

Estas palabras del apóstol Pablo contienen la suma de mi teología y predicación en el curso de los años respecto a la salvación de los hombres. Es un texto que también me relaciona estrechamente con mi abuelo. Hace ya muchos años que yo iba a predicar en una villa de uno de los condados del este. Acostumbro a ser puntual, pero debido a un retraso del ferrocarril llegué a la capilla ostensiblemente tarde. Como gente sensata, los feligreses comenzaron adorando y dando paso al sermón. Al acercarme a la capilla, noté que alguien predicaba desde el púlpito, y ese predicador no era otro que mi querido y venerable abuelo. Me asomé a la puerta y me vio. E inmediatamente dijo: «¡Aquí llega mi nieto! Él puede predicar el evangelio mejor que yo, pero no un evangelio mejor, ¿no es así, Charles?». Mientras avanzaba por el pasillo, le respondí: «Le ruego que continúe». Pero él no accedió a *ello*. Dijo: «Estaba predicando acerca de "por gracia sois salvos". He explicado el origen y la fuente de la salvación, y ahora les estaba mostrando el canal de la misma, mediante la fe. Toma ahora las riendas y continúa». Y lo hice, enlazando justo donde él lo había dejado.

Me sentía tan a gusto con estas gloriosas verdades que no tuve ninguna dificultad en reanudar el hilo del mensaje de mi abuelo y añadir el mío, de modo que pude continuar sin interrupción. Concordábamos tanto en las cosas de Dios que cuando pasé al siguiente punto sobre la debilidad e incapacidad de la naturaleza humana, «y esto no de vosotros», mi querido abuelo me tiró de la chaqueta y volvió a tomar la palabra. El buen anciano dijo: «Cuando hablé de la naturaleza depravada del hombre, sabía bastante bien de qué estaba hablando, queridos amigos». E incidiendo en la parábola durante cinco minutos expuso una solemne y humillante descripción de nuestro estado perdido, de la depravación de nuestra naturaleza, y de la muerte espiritual en la que fuimos encontrados. En cuanto terminó, se me permitió continuar para gran delicia del anciano. De vez en cuando, exclamaba en tono gentil: «¡Bien!, ¡bien!». Una vez me dijo: «Díselo otra vez, Charles», y por supuesto, yo lo repetía. Cuando leo este versículo es como si oyese esa voz querida, ya perdida en la tierra, decirme: «Díselo otra vez». Si mi abuelo pudiera regresar a la tierra, me hallaría donde me dejó, firme en la fe y fiel a la doctrina que fue una vez entregada a los santos.

Hay salvación presente

El apóstol afirma: «Sois salvos». No: «seréis», o «podréis», sino «sois». No dice: «En parte sois salvos» o «esperáis ser salvos». Seamos en este punto tan claros como lo fue Pablo, y no descansemos nunca hasta que sepamos que somos salvos. En este momento, o somos salvos o no lo somos. Esto es claro. Espero que por el testimonio del Espíritu Santo tengamos certidumbre de nuestra posición respecto al pecado. «Mi fortaleza y mi cántico es JAH, y él me ha sido por salvación» (Sal. 118:14).

La salvación presente debe ser por gracia

No hay otra salvación presente excepto la que comienza y termina con «por gracia sois salvos». Muchos predican salvación por obras, pero donde intervienen las obras, la salvación debe ser cosa del futuro. Como las obras no han sido acabadas, la salvación es incompleta. Si la salvación es completa, desaparece el principal argumento del legalista.

La *salvación debe ser por gracia*. Si el hombre se ha perdido por el pecado, ¿cómo puede ser salvo excepto por la gracia de Dios? Si el hombre está en condenación, ¿cómo puede él mismo revertir su condición? Suponga que observara perfectamente la ley por el resto de su vida. En ese caso sólo haría lo que siempre había estado obligado a hacer. ¿Qué hacer con el pasado? ¿Cómo pueden la ruina y los antiguos pecados ser borrados? El sentido común y la Escritura nos enseñan que la salvación sólo es posible por el favor gratuito de Dios.

La gente puede defender la salvación por obras, pero no oirá a nadie defender su propio razonamiento diciendo: «Soy salvo por lo que he hecho». Sería excesiva arrogancia a la que pocas personas se atreverían. El orgullo difícilmente se puede ceñir a jactancia tan extravagante. No. Si somos salvos, debe ser por el favor de Dios. Nadie profesa ser ejemplo de la idea contraria.

Para que *la salvación sea completa debe ser un favor gratuito.* Cuando los santos se enfrentan a la muerte, nunca concluyen sus vidas confiando en sus buenas obras. Nunca he estado junto al lecho de un hombre piadoso que reposara confiado en sus propias oraciones, o arrepentimiento, o espiritualidad. He oído a santos en el lecho mortuorio declarar solemnemente: «Cristo Jesús vino al mundo para salvar a los pecadores» (1 Tim. 1:15). De hecho, cuanto más cerca están los creyentes del cielo más sencilla es su confianza en el mérito del Señor Jesús y más intensamente aborrecen toda confianza en sí mismos. Si esto es cierto en nuestros últimos instantes, cuando el conflicto casi ha acabado, mucho más deberíamos sentirlo cuando estamos en plena batalla. Si el hombre fuera completamente salvo en el presente tiempo de guerra, ¿cómo podría ser excepto por gracia? Mientras tiene que confesar innumerables yerros y pecados mezclados en todo lo que hace, ¿cómo podrá creer que es completamente salvo, a no ser por el favor gratuito de Dios?

Pablo habla de esta salvación como perteneciendo a los efesios: «Por gracia *sois* salvos». A pesar del pacto pasado que los efesios habían hecho con los poderes de las tinieblas por medio de la magia y la adivinación (Hech. 19:19), se dice de ellos que eran poseedores de la salvación. Si gente como ésa fue salva, debe de ser todo por gracia. Sé que es así en mi propio caso, y creo que es una norma válida para todos los creyentes.

La presente salvación por gracia debe ser por medio de la fe

No se puede acceder a la salvación por gracia por ningún otro medio más que por la fe. Este carbón encendido del altar de Dios requiere de las tenazas doradas de la fe para transportarlo. La salvación en nuestro caso significa liberación de la culpa y de la ruina, y esto no se puede conseguir llevando a cabo cierto número de buenas obras, ya que no estamos en condición de realizar ninguna. Si tuviéramos que ejecutar obras para obtener la salvación, ésta habría sido adeudada como salario y no por gracia. La salvación por gracia sólo puede ser aprehendida por la mano de la fe. El intento de conseguirla cumpliendo ciertas obras de la ley haría que la gracia se evaporase. La gracia no es gracia si está mezclada con obras.

Algunos intentan aferrarse a la salvación a través de ceremonias, pero no sirve de nada. Uno puede ser cristianado, confirmado y recibir «el santo sacramento» de manos sacerdotales; o bautizado, incorporarse a la iglesia y sentarse a la mesa del Señor. ¿Trae esto la salvación? No se atreva a responder que sí. Estoy seguro de que si reclamara algún tipo de salvación, no tendría en mente la salvación por gracia.

Otros intentan asirse a la salvación por gracia por medio de sentimientos. La mano de la fe está hecha para asir la presente salvación por gracia, pero el sentimiento no es adecuado para tal objeto. Si dice: «Debo sentir que soy salvo. Debo sentir tanta tristeza y tanto gozo, de lo contrario, no sabré que lo soy», hallará que este método no funciona. Para el caso podría esperar ver con su oído, o saborear con su ojo u oír con su olfato para creer por sentimiento. Los sentidos no son el órgano adecuado. Después de haber creído, puede disfrutar de la salvación sintiendo su influjo celestial. Pero soñar con alcanzarla por los sentimientos es tan insensato como intentar llevar la luz del sol en la palma de la mano.

Además, la evidencia producida por los sentimientos es singularmente inconstante. Cuando su sentimiento es pacífico y delicioso, pronto se hace añicos y se torna inquieto y melancólico. La menor cosa puede hundir o elevar nuestro espíritu. Los creyentes experimentados dan cada vez menor importancia a sus emociones presentes, consideran que es escasa la confianza que se puede poner en ellas. La fe recibe la aseveración de Dios relativa a su perdón por gracia, y de este modo trae salvación al creyente. Pero el cálido sentimiento de estímulos apasionados, la entrega delirante a una esperanza que uno no se atreve a examinar, que gira en una especie de danza santurrona de entusiasmo que se ha vuelto necesaria para su propio sostenimiento, no es más que turbulencia, como el mar agitado que no conoce reposo. De sus hervores y furias, el sentimiento es susceptible de hundirse en la tibieza, el desaliento, la desesperanza y males afines. Los sentimientos son un conjunto de fenómenos nubosos y ventosos que no son fiables por lo que respecta a las verdades eternas de Dios.

La salvación por gracia a través de la fe no depende de nosotros

La salvación, la fe, y toda la operación de la gracia en su conjunto no dependen de nosotros.

En primer lugar, *no dependen de nuestros buenos empeños del pasado*. Ninguna persona irredenta ha vivido de tal manera que Dios esté obligado a darle más gracia y a concederle vida eterna. La salvación que se nos otorga no nos la ganamos. Nuestra vida pasada siempre será un alejamiento de Dios. Nuestra nueva vida de retorno a Dios es siempre una obra de misericordia inmerecida.

No depende de nosotros por cuanto *no depende de nuestra excelencia original*. La salvación viene de lo alto. Nunca evoluciona desde adentro. ¿Puede acaso la vida eterna evolucionar de las desnudas costillas de la muerte? Algunos se atreven a afirmar que la fe en Cristo y el nuevo nacimiento son sólo el desarrollo de buenas cosas que yacían en nosotros ocultas por naturaleza. Pero en esto, como su padre, hablan por sí mismos. ¡Si un heredero de la ira es abandonado a su propia evolución y desarrollo, será cada vez más apto para el lugar preparado para el diablo y sus ángeles! Se puede educar al hombre irredento hasta el colmo del refinamiento, pero permanecerá y deberá permanecer por siempre muerto en el pecado a menos que un poder más alto venga a salvarle de sí mismo. La gracia trae al corazón un elemento enteramente extraño. No mejora ni perpetúa, sino que mata y vivifica. No hay continuidad entre el estado de la naturaleza y el estado de la gracia. Uno es oscuridad y el otro, luz. Uno es muerte y el otro, vida. Cuando la gracia viene a nosotros, es como una tea echada en el mar, en el que ciertamente se apagaría si no fuera por una cualidad milagrosa que detuviera las aguas y estableciera su régimen de fuego y luz aun en los abismos.

La salvación por gracia por medio de la fe no depende de nosotros, *en el sentido de que no es consecuencia de nuestro poder*. Vemos asombrados la salvación ciertamente cual acto divino, como la creación, o la providencia, o la resurrección. En cada fase del proceso de salvación, es apropiada esta frase: «*no depende de nosotros mismos*». Desde la primera vez que la deseamos hasta su plena recepción por fe, en todo momento depende del Señor solo y no de nosotros mismos. El hombre cree, pero esa creencia es sólo resultado de muchas implantaciones de la vida divina en el alma humana realizadas por Dios.

Incluso la voluntad misma de ser salvos por gracia no depende de nosotros, sino que es don de Dios. Un hombre debe de creer en Jesús. Es su deber recibir a quien Dios ha puesto como propiciación por el pecado. Pero muchos no creen. A menos que el Espíritu de Dios convenza el juicio y constriña la voluntad, el hombre no tiene corazón para creer en Jesús para vida eterna. Yo pregunto a cualquier persona salva que analice retrospectivamente su conversión y me explique cómo tuvo lugar. Usted se volvió a Cristo y creyó en su nombre. Éstos fueron sus hechos y sus obras. Pero ¿qué hizo que se volviera? ¿Qué poder sagrado fue el que le hizo volverse del pecado a la justicia? ¿Atribuye esta singular renovación a la existencia de algo mejor en usted que lo que se haya descubierto hasta la fecha en su vecino no converso? No. Usted confiesa que podría haber sido lo que él es ahora si no hubiera habido una fuerza potente que tocara el resorte de su voluntad, iluminara su entendimiento y le guiara al pie de la cruz. Agradecidos, confesamos el hecho; debe ser así. Ninguno de nosotros soñará con adueñarse de honor alguno para sí de su conversión, o de cualquier efecto de gracia que haya fluido de la divina causa primera.

Es don de Dios

La salvación puede verdaderamente ser rastreada hasta su origen en el don inefable: la bendición gratuita e inmerecida del amor de Dios. La salvación es *don de Dios a diferencia de un salario*. Cuando un hombre paga a otro su salario, no hace más que lo debido. Pero nosotros alabamos a Dios por la salvación porque no es el pago de una deuda, sino un don de la gracia. Ningún hombre entra en la vida eterna, en la tierra o en el cielo, como si se le adeudara. Es un don de Dios. La salvación es un don de Dios tan puro, tan absoluto, que nada puede ser más gratuito. Dios lo concede porque decide hacerlo de su gracia soberana. Es su santa prerrogativa.

La salvación es *el don de Dios: es decir, completo, en oposición a la idea de crecimiento*. La salvación no es una producción natural desde dentro. Es traída de una región extranjera y plantada en el corazón por manos celestiales. La salvación es en su totalidad un regalo de Dios. Si usted la recibe, la tiene completa. ¿La quiere recibir como don perfecto? «No puede perfeccionarla en su propio taller». No puede forjar una obra tan rara y costosa por la que Jesús dio su sangre. He aquí una prenda sin costura, tejida de arriba abajo. Le cubrirá y le hará glorioso. ¿La desea? No cabe decir: «Me sentaré en el telar y tejeré ropa para mí mismo». Sólo un necio orgulloso hace eso. Hila telarañas y teje un sueño. Acepte gratuitamente lo que Cristo declaro acabado en la cruz.

Es *el don de Dios: es decir, es eternamente seguro a diferencia de los dones de los hombres que pronto se desvanecen*. «Yo no os la doy como el mundo la da», dice nuestro Señor Jesús (Juan 14:27). Si mi Señor Jesús le da salvación en este momento, *ya la tiene*, y la tendrá para siempre. No se la quitará. Y si Él no se la quita, ¿quién podrá quitársela? Si Él le salva *ahora* por medio de la fe, será salvo —tan salvo que nunca perecerá, ni nadie podrá arrebatarle de su mano—. ¡Que así sea con usted!

Cuando se asegura que la doctrina de la gracia origina pecado, yo apelo a los hechos y dejo que el oráculo responda como crea conveniente. Si vamos a ver un día una Inglaterra pura y piadosa en la que la bebida y el mal social hayan sido erradicados, sólo será por la proclamación de la gracia de Dios. Los hombres deben ser perdonados por gracia, renovados por gracia, transformados por gracia, santificados por gracia, preservados por gracia, y cuando todo esto se cumpla, amanecerá la edad dorada. Pero en tanto a los hombres sólo se les enseñe el deber y se les abandone a sus propias fuerzas, será un esfuerzo vano. Hay que dar muchos latigazos a un caballo muerto para que se levante. Enseñar a andar a hombres que no tienen pies es un esfuerzo inútil, y tal sucede con la instrucción moral antes que la gracia otorgue un corazón que ame la santidad. Solo el evangelio suple al hombre motivo y fuerza, y por tanto debemos mirar al evangelio como único reformador real de los hombres.

Capítulo 8

Las doctrinas de la gracia no conducen al pecado

Porque el pecado no se enseñoreará de vosotros; pues no estáis bajo la ley, sino bajo la gracia. ¿Qué, pues? ¿Pecaremos, porque no estamos bajo la ley, sino bajo la gracia? En ninguna manera —Romanos 6:14-15.

La sustancia y la esencia del verdadero evangelio es la doctrina de la gracia de Dios. Si se elimina la gracia de Dios del evangelio, se extrae su misma sangre, y no queda nada digno de predicar, nada digno de creer ni por lo que contender. La gracia es el alma y la música del evangelio; sin ella, el evangelio guarda silencio.

La doctrina de la gracia enseña que Dios trata con hombres pecadores sobre la base de su pura misericordia. Hallando a los hombres culpables, mediante la muerte de su querido Hijo, Él ha provisto expiación gratuita, generoso perdón a los hombres, sin tener en cuenta su pasado carácter ni previsibles o futuras obras buenas. Él acepta a todos los que ponen su confianza en esta expiación, y escogen la fe como camino de salvación, para que sea todo por gracia. En esto actúa Dios con un motivo que nace de Sí mismo. Esta gracia de Dios fluye hacia el pecador desde antes y empieza a operar sobre él cuando no hay nada bueno en él, obrando lo que es bueno y aceptable y prosiguiendo su actuación hasta que la obra de la gracia sea completa, cuando el creyente sea recibido en la gloria para la que fue creado. La gracia comienza a salvar y persevera hasta que todo se ha cumplido. Todo en la salvación es por gracia y sólo por gracia. Todo es un favor gratuito, nada es por mérito: «Porque por gracia sois salvos por medio de la fe; y esto no de vosotros, pues es don de Dios».

Tan pronto como esta doctrina es expuesta a clara luz los hombres empiezan a objetar contra ella. Pasa a ser objeto de ataque de toda lógica carnal. A las mentes irredentas nunca les gustó y nunca les gustará esto; resulta humillante para el orgullo humano, resta toda importancia a la nobleza de la naturaleza humana. Los hombres no pueden soportar esta enseñanza: o reciben perdón, como criminales condenados, por mediación de la prerrogativa real, o, de lo contrario, han de perecer en sus pecados. En vez de tocar suavemente el cetro de plata de la misericordia divina y aceptar el favor inmerecido tan sólo porque Dios desea otorgarlo, se apartan y luchan contra el imperio de la gracia. La mente no renovada saca su artillería para combatir contra el evangelio de la gracia, y uno de los cañones más grandes que aposta contra él es la declaración de que la doctrina de la gracia conduce al libertinaje: si los grandes pecadores son perdonados por gracia, los hombres serán más proclives a ser grandes pecadores. Y el no regenerado infiere que si la gracia de Dios habita en los pecadores redimidos, éstos pueden ser persuadidos a vivir como les venga en gana y creer que aún son salvos. He oído repetir este argumento tantas veces que me cansa su sonsonete vano y falso. En parte es una gran equivocación que surge de un concepto erróneo, y en parte es una gran mentira porque los hombres creen que no tienen nada que aprender.

Comienzo por admitir que la objeción parece un tanto probable: si alguien dice que «el peor pecador puede ser perdonado si cree en Cristo Jesús», puede dar a entender que el pecado es algo barato. Parece probable que alguno llegase vilmente afirmar: «Pequemos sin ninguna traba, porque podemos obtener perdón fácilmente». Pero lo que parece probable no es cierto; al contrario, lo improbable y lo inesperado suele ocurrir a menudo. En cuestiones de influencia moral, nada es más engañoso que la teoría: Los caminos de la mente humana no se pueden dibujar con tinta y compás. Incluso lo que parece lógico no es siempre inevitable, ya que las mentes de los hombres no están gobernadas por normas académicas. Al contrario, afirmo que los hombres impíos, normalmente, no esgrimen la gracia de Dios como pretexto para pecar. Por regla general, son demasiado indiferentes como para ocuparse de tales argumentos. Si proponen una excusa, ésta suele ser endeble y superficial. Puede haber hombres perversos que recurran a este argumento, pero no sirve de justificación a los chiflados cuyo entendimiento está arruinado. Sospecho que cuando se propone no es más que mera pretensión, no una justificación que satisfaga la conciencia del pecador. La mayoría se siente demasiado avergonzada como para exponer el argumento en términos claros. Me pregunto si el diablo mismo razonaría de esta manera: «Dios es misericordioso; por tanto, pequemos con más ahínco». Sin duda, ningún ser inteligente se puede persuadir a sí mismo de que la bondad de Dios sea una razón para ofenderle más que nunca. La locura moral produce extraños desvaríos, pero estoy plenamente convencido de que rara vez los hombres consideran en la práctica la gracia de Dios como motivo para pecar.

Aunque algunos han trocado la gracia de Dios en lascivia, confío en que nadie se opondrá nunca a cualquier doctrina a causa del uso perverso que se hace de ella. Toda verdad puede ser pervertida. ¿Hay alguna sola doctrina bíblica que manos malvadas no hayan tergiversado? Hay una ingenuidad casi infinita en los hombres inicuos para trastornar el bien y abrazar el mal. Actuemos como hombres racionales. No estimamos que las cuerdas sean malas porque algunas criaturas desdichadas e insensatas se hayan colgado con ellas.

Puede parecer probable que la doctrina de la gracia se tuerza como excusa para el pecado, pero un mejor conocimiento del curioso funcionamiento de la mente humana corrige la idea. La naturaleza humana caída sigue siendo humana y por tanto no se inclina fácilmente a ciertas clases de mal —como la ingratitud—. No es muy humano devolver multiplicación de ofensas sobre los que nos hacen continuos beneficios. Me recuerda el cuento de la media docena de niños que tenían padres muy severos que solían darles grandes palizas. Entonces se les juntó otro niño cuyos padres le amaban tiernamente. Los niños se reunieron para sopesar la idea de ir a cometer un robo en un huerto cercano. Todos estaban deseosos de ponerse en marcha, excepto el niño favorecido que no estaba dispuesto a cometer tal acto. Uno del grupo le dijo: «No tienes que preocuparte. Si nuestros padres se enteran, nos darán una paliza, pero tu padre no *te* pondrá la mano encima». El muchacho les respondió: «¿Piensan que porque mi padre es amable conmigo voy yo a hacer mal y entristecerle? No haré tal cosa a mi querido padre». Resulta obvio que el razonamiento de los muchachos no fue arrollador ni convincente para su compañero. La conclusión contraria fue igual de lógica y, evidentemente, cargada de peso. Si Dios es bueno con quien no lo merece, algunos hombres escogerán el pecado, pero su bondad guiará a otros de superior catadura al arrepentimiento.

No puedo dejar de observar que he conocido personas que objetan la influencia maligna de la doctrina de la gracia que por su moral no estaban en absoluto cualificadas para erigirse jueces sobre este asunto. La moral debe hallarse en muy mala condición cuando personas inmorales se erigen en guardianes de la misma. Una respuesta adecuada a esta mentira sería preguntar: «¿Qué tienes tú que ver con la moral o la moral contigo?». Estos puntillosos de las buenas obras no suelen ser hacedores de ellas. Que los legalistas se ocupen de sus propias manos y lenguas y dejen que el evangelio de la gracia y sus abogados respondan por sí mismos.

Retrocediendo en la historia, constato que sus páginas refutan la repetida calumnia. ¿Quién se atreve a sugerir que los que creyeron en la gracia de Dios fueron peores pecadores que otros? Reto a los que arrojen las primeras piedras a probar que son superiores en carácter. ¿Cuándo fueron los santos patrones del vicio y defensores de la injusticia? ¿Fueron los puritanos rufianes del libertinaje y de la iniquidad? En su tiempo, la disertación del partido teológico que predicaba la salvación por obras estuvo sazonada de profanidad y su conducta salpicada de lascivia y desenfreno. Los puritanos se arrodillaban y pedían a Dios ayuda en la tentación; y en los tiempos de persecución podían encontrarse en la cárcel, sufriendo alegremente la pérdida de todas sus posesiones por amor a la verdad. Los puritanos fueron los hombres más piadosos sobre la faz de la tierra. ¿Cómo pueden ser los hombres tan incongruentes que les tildan de puros y al mismo tiempo afirman que sus doctrinas conducen al pecado?

No son los puritanos el único ejemplo. La historia entera confirma esta regla. Cuando se asegura que la doctrina de la gracia origina pecado, yo apelo a los hechos y dejo que el tiempo responda como crea conveniente. Si vamos a ver un día una Inglaterra pura y piadosa en la que la bebida y el mal social hayan sido erradicados, sólo será por la proclamación de la gracia de Dios. Los hombres deben ser perdonados por gracia, renovados por gracia, transformados por gracia, santificados por gracia, preservados por gracia, y cuando todo esto se cumpla, amanecerá la edad dorada. Pero en tanto a los hombres sólo se les enseñe el deber y se les abandone a sus propias fuerzas, será un esfuerzo vano. Hay que dar muchos latigazos a un caballo muerto para que se levante. Enseñar a andar a hombres que no tienen pies es un esfuerzo inútil, y tal sucede con la instrucción moral antes que la gracia otorgue un corazón que ame la santidad. Solo el evangelio suple al hombre motivo y fuerza, y por tanto debemos mirar al evangelio como único reformador real de los hombres.

La doctrina de la gracia y el plan completo de la salvación por gracia son grandes promotores de santidad. Donde lleguen, ayudarán a exclamar «Dios nos libre» como respuesta a la pregunta: «¿pecaremos, ya que no estamos bajo la ley sino bajo la gracia?». Esto lo dejaría sentado bajo la clara luz del sol.

Salvación del poder del pecado

Algunos suponen que predicar la salvación al más vil de los hombres significa mera liberación del infierno y entrada en el cielo. Incluye esto y acaba en esto, pero no es lo que queremos decir. He aquí lo que queremos decir por salvación: liberación del amor al pecado, rescate del hábito de pecar, aniquilamiento del deseo de pecar. Si es cierto que la gracia libra del pecado, ¿de qué manera puede producir este don pecado? Yo no acierto a ver ningún peligro en esto. Al contrario, al hombre que proclama la agradable promesa de victoria sobre el pecado le digo: «¡Dese prisa! Vaya por todo el mundo y cuente a la humanidad más vil que Dios está dispuesto por su gracia a librarles de su amor al pecado y hacer de ellos nuevas criaturas». El evangelio nunca sugiere que los impíos pueden, por el hecho de creer, seguir disfrutando de sus pecados y escapar al castigo. El evangelio asegura que los impíos pueden, si creen en el Señor Jesús, cambiar de vida para servir a Dios en vez de servir al pecado y Satanás. Incluso los huesos más secos de un alma pueden revivir por su Espíritu. Esa renovación se dejará sentir en pensamientos santos, palabras puras y actos de justicia para la gloria de Dios. En su gran amor, Dios está dispuesto a llevar a cabo todas estas cosas en todos los que crean. ¿Qué perjuicio se puede derivar de ello? Yo reto al adversario más astuto que se atreva a objetar sobre el terreno de la moral, y afirmo que Dios concede a los hombres nuevo corazón y recto espíritu cuando a Él le place.

El amor ejerce una gran influencia sobre los hombres

En la primera fase de la historia, las naciones soñaban que el crimen podría detenerse actuando con severidad y confiaban en castigos crueles, pero la experiencia ha corregido el error. A nuestros antepasados ingleses les espantaba la falsificación, que es un fraude perturbador que interfiere con la confianza que reina entre los hombres. Para frenarla, promulgaron la pena capital contra la falsificación. ¡Ay!, ¡cuántos crímenes cometió esa ley! No obstante, el constante empleo de la horca no bastó para erradicar este delito. Muchos delitos se han originado y multiplicado por el mismo castigo destinado a suprimirlos. Algunos casi desaparecieron cuando se alivió el castigo prescrito contra ellos.

Es un hecho notable que si se prohíbe a los hombres hacer una cosa, de inmediato desean hacerla, aunque nunca antes se les hubiera ocurrido. La ley exige obediencia, pero no la fomenta. La ley suele originar desobediencia, y se sabe de castigos demasiado severos que provocaron delitos. La ley fracasa, pero el amor vence.

En cualquier caso, el amor hace que el pecado resulte infame. Robar a alguien es malo, pero robar a un amigo que a menudo me ayuda cuando estoy necesitado es un delito vergonzoso. El amor marca el pecado en la frente con una plancha de hierro al rojo vivo. Matar a un enemigo es un delito lastimoso, pero dar muerte al padre que dio la vida a uno grita como monstruo espantoso. A la luz del amor, el pecado aparece excesivamente pecaminoso.

Y esto no es todo. *El amor ejerce gran fuerza impelente hacia la forma más sublime de virtud.* Las obras que un hombre no puede ser obligado a hacer bajo el constreñimiento de la ley las hace de buena gana movido por amor. Los que se rebelan contra la imposición de arriesgar sus vidas por la fuerza de la ley lo harán por propia iniciativa para salvar a sus semejantes. «Ciertamente, apenas morirá alguno por un justo; con todo, pudiera ser que alguno osara morir por el bueno» (Rom. 5:7). La bondad conquista el corazón de tal manera que uno está dispuesto a morir por el gentil y el generoso. No hay más que ver cómo los hombres han rendido sus vidas por sus dirigentes. Solía circular un dicho inmortal del soldado francés herido. El cirujano daba un corte profundo para extraer la bala y el soldado exclamaba: «Un poco más adentro y tocará la médula». El deber vigila la fortaleza, pero el amor lanza su cuerpo en la trayectoria del proyectil mortal. ¿Quién consideraría sacrificar su vida a causa de la ley? Solo el amor desestima la vida en servicio del amado. El amor a Jesús crea un heroísmo que ignora por completo la ley. La historia lo demuestra —cuando la iglesia de Cristo fue fiel a su Señor.

También la amabilidad, operando por la ley del amor, ha solido cambiar al más indigno, y probado que no origina maldad. Un borracho despertó de su embriaguez vestido con la misma ropa con que se echara la noche anterior y vio que su única hija, Millie, le acercaba el desayuno. Volviendo en sí, le preguntó: «Millie, ¿Por qué sigues conmigo?» Ella respondió: «Porque eres mi padre y porque te quiero». Él reparó en su aspecto andrajoso y en la inutilidad de su persona y le respondió: «Millie, ¿me quieres?». La niña repuso: «Sí, padre, te quiero y nunca te abandonaré. Antes de morir mi madre me dijo: "Millie, sigue con tu padre y ora siempre por él. Un día dejará la bebida y será para ti un buen padre". De manera que nunca te dejaré». Es hermoso añadir que el padre de Millie dejó la bebida y se hizo cristiano. Millie tuvo en cuenta la gracia, ¿no es así? Según nuestros moralistas, la niña debería haber dicho: «¡Padre, eres un desastre! Ya te he aguantado demasiado. Si me quedo contigo, estaré animando a otros padres a hacer lo mismo». Pero el poder del amor le transformó e hizo de él un hombre mejor.

He aquí otra historia. En los tiempos de persecución vivió en Inglaterra un comerciante que temía a Dios y asistía a las reuniones secretas de los santos. Cerca de él vivía un pobre zapatero remendón cuyas necesidades solían ser aliviadas por el comerciante. Pero el pobre hombre era malvado y, esperando recibir recompensa, suministró información contra su benefactor relativa a sus creencias religiosas. Esta acusación debería haber acabado con la vida del comerciante en la hoguera de no haber encontrado un medio de escape. Al volver a su casa, el comerciante no cambió su generoso proceder para con el zapatero malicioso, sino que fue con él más benigno que nunca. El zapatero evitaba al hombre bueno como podía, para huir de su reproche. Un día se encontró con él cara a cara, y el cristiano le preguntó amablemente: «¿Por qué me rehúyes? No soy tu enemigo. Sé lo que hiciste para perjudicarme, pero yo nunca he pensado mal contra ti. Te he ayudado, y estoy dispuesto a ayudarte mientras viva, seamos, pues, amigos». ¿Le sorprendería si le dijera que al cabo de poco el zapatero malvado se rindió gracias al poder del amor y se convirtió a Cristo? La gracia encierra un extraño poder de seducción que conduce a los hombres a la bondad, atrayéndoles con cuerdas de amor y coyundas humanas. El Señor sabe que por muy malos que sean los hombres, la clave de acceso a su corazón pende del clavo del amor. Sabe que su bondad todopoderosa, aunque a menudo detenida, al fin triunfará.

La gracia revela la maldad del pecado

No hay que temer que la doctrina de la gracia guíe a los hombres al pecado, porque la iniquidad se vuelve sumamente amarga antes de ser perdonada o cuando es perdonada. Cuando Dios comienza a tratar con un hombre, normalmente le hace ver la atroz perversidad de sus caminos malvados. Le hace mirar el pecado hasta que exclama con David: «Mi pecado está siempre delante de mí» (Salmos 51:3). En mi propio caso, cuando anduve bajo convicción de pecado, mi alma sólo veía tinieblas y una horrible tempestad. Parecía que se me había pintado una imagen terrible en el globo ocular. La culpa me asediaba de tal forma que no podía descansar anticipando la ira venidera. Sentía que había ofendido a Dios y que esto es lo más terrible que puede hacer un ser humano. Hasta este momento, la vislumbre del pecado me causa emociones terribles en el corazón, como el horror profundo que siente hacia el fuego el niño quemado. Por la operación de la gracia, sentimos hastío del pecado y lo aborrecemos al igual que su placer imaginario. Estamos dispuestos a erradicarlo totalmente del terreno de nuestra naturaleza. Uno de los frutos que produce el Espíritu es amor a la santidad y repugnancia a toda falsedad. Una profunda experiencia interior prohíbe al hijo de Dios pecar. Ha conocido dentro de sí mismo su juicio y su condenación, y de aquí en adelante le resulta aborrecible. De aquí, que éste bien pertrechado contra el temor a abusar de la gracia.

La gracia le convierte a uno en una nueva criatura

La doctrina de la gracia deja de ser peligrosa en manos del que es vivificado por el Espíritu Santo y creado de nuevo a imagen de Dios. El Espíritu de Dios ha venido y transformado al hombre, alejado la ignorancia, cambiado sus afectos, iluminado su entendimiento, subyugado su voluntad, refinado sus deseos y cambiado su vida. A decir verdad, se ha convertido en una criatura renacida en el Espíritu. Este cambio es comparado en la Escritura con la resurrección de los muertos, una nueva creación y un nuevo nacimiento. «Os es necesario nacer de nuevo», dijo Cristo a Nicodemo (Juan 3:7), y los hombres tocados por la gracia son nacidos de nuevo. Para el creyente, la gracia abundante del Padre es un vínculo con la justicia que no piensa nunca quebrantar. Los creyentes sienten el dulce apremio de la gratitud sagrada y desean ser perfectos en santidad en el temor del Señor. Todos los seres viven conforme a su naturaleza, y el hombre regenerado desarrolla el instinto santo de su mente renovada. Clama por la santidad, combate contra el pecado, se esfuerza por ser puro en todas las cosas y dedica toda su energía a lo que es puro y perfecto. Un nuevo corazón marca la diferencia. En vez de guiar al pecado, la bendición del amor todopoderoso inspira la más excelsa aspiración.

Limpieza por medio de la expiación

La sangre de Jesús limpia y perdona. El pecador conoce que su perdón gratuito costó la vida de su mejor Amigo, el Hijo de Dios. Esto provoca un lamento secreto por el pecado al mirar al Señor a quien traspasó. El amor a Jesús quema en el pecho del pecador perdonado, y por tanto, éste siente una ardiente indignación contra la maldad homicida del pecado. Para él toda suerte de maldad es detestable, ya que está manchada con la sangre del corazón del Salvador. El pecador penitente se horroriza al oír el clamor del Hijo de Dios: «Eloi, Eloi ¿lama sabactani?» por causa de su pecado. Por causa de la muerte de Jesús, la mente llega a la conclusión de que el pecado es excesivamente detestable a los ojos del Señor, porque si la justicia eterna ni siquiera quiso perdonar al amado Jesús cuando el pecado imputado recayó sobre Él, ¡cuánto menos pasará por alto a hombres pecadores! Debe de ser algo indecible, lleno de veneno, lo que hizo que el inmaculado Jesús sufriera de forma tan terrible. Nada se puede imaginar que tenga mayor poder sobre las mentes tocadas por la gracia que la visión de un Salvador crucificado denunciar el pecado con todas sus heridas y sus gotas de sangre. ¿Qué? ¿Seguir viviendo en el pecado que mató a Jesús? ¿Hallar placer en lo que le causó la muerte? ¡Imposible! Así pues, eche de ver que no es en absoluto probable que la mano perforada que concede generosa gracia inspire desenfreno en el pecado, sino que es justamente al contrario.

Ayuda diaria del Espíritu de Dios

Dios el Espíritu Santo se ha propuesto morar en el pecho de cada hombre que Él ha salvado por su gracia. ¿No es este un medio maravilloso de santificación? ¿Por qué otro medio pueden los hombres ser preservados del pecado sino teniendo a Dios mismo morando en sus corazones? El siempre bendito Espíritu conduce a los creyentes a orar abundantemente y ¡cuán gran poder de santidad encierra el hijo de gracia cuando habla a su Padre celestial! El alma tentada vuela hacia su Dios y desahoga su aflicción, mira las heridas abiertas de su Redentor y se fortalece para resistir la tentación. La divina Palabra también, con sus preceptos y promesas, es una fuente infalible de santificación. Si no fuera por el baño diario en la fuente sagrada de la fuerza eternal, pronto seríamos débiles e irresolutos. Pero la comunión con Dios nos renueva para dirimir la vigorosa batalla contra el pecado. El Espíritu también aviva frecuentemente la conciencia del creyente para que las cosas que no parecían pecaminosas en el pasado le resulten ahora obvias a una luz más clara. La conciencia natural es dura e insensible, pero la conciencia de la gracia se vuelve cada vez más impresionable hasta que al final se torna tan sensible como una herida abierta. El que más gracia tiene es más consciente de su necesidad de recibir más gracia. ¿No ha sentido usted este santo temor, esta sagrada amonestación? Por este medio el Espíritu Santo impide que trueque su libertad por libertinaje.

Además de esto, el buen Espíritu nos guía a una santa relación con Dios y yo reto a cualquiera a vivir en el monte del Señor e intentar luego descender para transgredir como los hombres mundanos. Si usted ha pisado el suelo glorioso del palacio y contemplado al Rey en su hermosura, hasta que la luz de su rostro fue su cielo, no se puede contentar con la penumbra y la lobreguez de las tiendas de perversidad. Mentir, engañar, fingir, como hacen los hombres mundanos, ya no va con su persona. Si usted mora verdaderamente con Dios, el perfume de los palacios de marfil se le adherirá, y los hombres sabrán que no habita con ellos. Será un hijo que vive con su padre en una familia amorosa. ¿Dónde podría vivir mejor? De mil maneras, todo peligro de abuso de la gracia de Dios será eficazmente alejado.

Participantes de la gracia de Dios

Los que creen en la doctrina de la gracia se elevan sobre las preocupaciones básicas del mundo por la comida y el vestido. Sus mentes se ocupan de las nobles cuestiones del pacto sempiterno, predestinación, amor inmutable, llamado eficaz, Dios en Cristo, la obra del Espíritu, justificación, santificación, adopción. Otros jugarán con montoncitos de arena en la playa, pero el creyente transita en la gracia por colinas y montañas. Le circundan temas de pensamiento que le impulsan hacia arriba, Alpes sobre Alpes. La estatura mental del hombre se eleva con lo que le rodea, se convierte en un ser pensante, comulga con cosas excelsas. Este es el camino que libera de vicios y codicias degradantes. El atolondramiento es madre prolífica de la iniquidad. Es un signo de esperanza el que las mentes merodeen por entre verdades sublimes. El hombre que ha sido enseñado por Dios para pensar no pecará tan fácilmente como aquel cuya mente está enterrada bajo su carne. Ahora habita en la presencia de Dios, y la vida para él es real, seria y sublime. No se preocupa de arañar oro juntamente con el rastrillo del codicioso, ya que es inmortal y debe buscar las ganancias eternas. Siente que ha nacido para un propósito divino y se pregunta: «Señor, ¿qué quieres que haga?». Siente que como Dios le ha amado, así el amor de Dios puede fluir a otros a través de él. Cada uno de nosotros es como una lámpara encendida para brillar en la oscuridad y encender otras lámparas.

Nuevas esperanzas acuden en tropel al hombre salvado por gracia. Su espíritu inmortal disfruta una vislumbre de lo infinito. Del mismo modo que Dios le ha amado en el tiempo, cree que el mismo amor le bendecirá por la eternidad. No teme el futuro porque sabe que su Redentor vive. Empieza a cantar en la tierra cánticos angelicales porque su espíritu espía desde lejos la alborada gloriosa que se ha de revelar. Así pues, con corazón gozoso y paso ligero avanza hacia el ignoto futuro tan feliz como rumbo a un banquete de bodas.

Extienda su mano de fe y ásgase su porción. Confíe en Jesús con toda su alma y reciba su legado.

Piense en esto: usted será juzgado por el mismo Cristo que murió en el Calvario. Dios juzgará el mundo por el hombre Cristo Jesús. Él es quien vendrá en las nubes del cielo y juntará a todas las naciones delante de sí, y cuando los que le despreciaron le miren al rostro, sentirán un terror inconcebible y espantoso. Ni los relámpagos, ni los truenos, ni el terrible sonido de la última e imponente trompeta los aterrorizará como el rostro del amor herido. Entonces dirán a los montes y a las peñas que les escondan del rostro de aquel que está sentado sobre el trono (Ap. 6:16). Ciertamente, éste es el rostro de Aquel que lloró por los pecadores, el rostro que los escarnecedores mancharon con gotas de sangre caída de la corona de espinas, el rostro del Dios encarnado que vino a salvar la humanidad con infinita misericordia. Pero como ellos le menospreciaron prefiriendo sus propias concupiscencias al amor infinito y persistieron en rechazar la mejor prueba de la bondad de Dios, la visión de aquel rostro será para ellos más acusadora y condenatoria que todo lo demás. ¡Cuán aterradora es esta verdad! Cuanto más la considera uno, tanto más se llena el alma de terror. Que Dios nos conduzca a volar a Jesús, porque entonces le miraremos con gozo en aquel día.

Capítulo 9

La extraordinaria maravilla de la gracia

Y quedé yo solo —Ezequiel 9:8.

La salvacion nunca brilla tan espléndidamente ante el ojo humano como cuando hace una visita personal. Entonces la gracia se torna realmente preclara, pues la vemos operar con su poder divino sobre nosotros mismos. Para el entendimiento personal, su caso es siempre el más desesperado, y la misericordia que se le ofrece, la más extraordinaria. Vemos a otros perecer y nos maravillamos que la misma destrucción no haya caído sobre nosotros. El horror de la ruina que temíamos y la intensa delicia y certidumbre de seguridad en Cristo, junto con nuestra percepción personal de indignidad nos hace exclamar asombrados con Ezequiel: «Y quedé yo solo».

Ezequiel vio en una visión a los verdugos destruyendo a diestra y siniestra por mandato de la divina justicia, y al verse ileso entre los montones de cadáveres, exclamó sorprendido: «Quedé yo solo». Puede que llegue el día en que también nosotros exclamemos con gozo solemne: «¡Y yo por la gracia soberana he sido preservado!». Esa gracia especial hará que nos maravillemos. Así de solemne será el último y temible día.

Lea la historia de la lerda idolatría del pueblo de Jerusalén según recoge el octavo capítulo de la profecía de Ezequiel, y no se sorprenderá del juicio con el que el Señor destruyó finalmente la ciudad.

Consideremos cómo trató el Señor con gente culpable: «He aquí que seis varones venían… y cada uno traía en su mano su instrumento para destruir» (Eze. 9:2). La destrucción que trajeron fue rauda y terrible, típica de otras visitas. A través de la historia, los ojos observadores se fijan en las rayas de justicia, marcas rojas en la página, traspasadas las cuales el Juez de toda la tierra considera necesario decretar una visita terrible sobre gentes culpables. Las pasadas manifestaciones de la divina venganza apuntan a un juicio venidero más completo e irresistible. El pasado anuncia proféticamente el futuro. A buen seguro llegará un día en el que el Señor Jesús, que una vez viniera a salvar, descenderá por segunda vez a juzgar. La misericordia despreciada siempre ha ido seguida de la ira merecida, y así debe suceder al final de todas las cosas. «¿Quién podrá soportar el tiempo de su venida? ¿O quién podrá estar en pie cuando él se manifieste?» (Mal. 3:2). Él elevará las balanzas de la justicia y desnudará la espada de la ejecución. Cuando sus ángeles vengadores recojan la vendimia de la tierra, ¿quién de nosotros exclamará con admirada gratitud «quedé yo solo»? Tal será realmente maravilla de la gracia.

Usaré la visión maravillosamente descriptiva de este capítulo para que contemplemos con santo temor *el carácter de la condena* de la que nos libra la gracia. Después trataré la exclamación de nuestro texto: «Quedé yo solo», considerándolo como la expresión gozosa de *las personas que tienen el privilegio de escapar de la destrucción. Y, finalmente, esbozaré las emociones que los escapados sentirán.*

La terrible condena

La visión en la que el profeta Ezequiel se vio preservado, comienza notando que era *precisamente* un castigo infligido sobre los que habían sido a menudo advertidos. Dios les dijo que si se hacían ídolos les destruiría, porque no toleraría tal insulto a su divinidad. Les rogó con palabras y rigurosas previsiones, ya que su país había sido desolado, su ciudad sitiada y sus reyes llevados cautivos. Pero se empeñaron en apostatar y dar culto a sus ídolos. Por lo cual, cuando la espada del Señor fue blandida, no sobrevino un juicio inesperado. Análogamente, al final de la vida y en el fin del mundo, cuando el juicio se precipite sobre la humanidad, éste será justo y conforme a las solemnes advertencias de Dios.

Cuando leo las cosas terribles que están escritas en el libro de Dios en relación con el castigo futuro, siento gran congoja de espíritu. Algunos se atreven a dictar sentencia contra el gran Juez y condenan su castigo por su severidad. En cuanto a mí, no puedo medir el poder de la ira de Dios. Como quiera que sea este juicio, estoy seguro de que Él será justo. Ningún daño innecesario sufrirá una sola criatura suya. Ni siquiera los que estén para siempre condenados sufrirán un ápice más de lo que la justicia requiere, no más de lo que ellos mismos admitirán que es la pena debida por sus pecados. Esto será el infierno del infierno, por cuanto los hombres sabrán que sufren justamente. El pecado y el sufrimiento están indisolublemente unidos en la constitución de la naturaleza; no puede ser de otro modo, ni tampoco debe ser. Es de justicia que sea castigada la maldad. Los que fueron ejecutados en Jerusalén no pudieron volverse a sus verdugos y espetarles: «No merecemos esto». Cada herida cruel y cada golpe fiero del hacha de armas babilónico cayeron sobre aquellos que en su conciencia sabían que sólo estaban recogiendo lo que habían sembrado. ¡Cuánto disfrutaremos la maravilla de la gracia si al final somos rescatados del juicio que merecemos!

Notemos muy atentamente que esta destrucción fue *precedida por una separación* que apartó a los que tenían distinto carácter entre el pueblo. Antes del juicio apareció un hombre vestido de lino con un tintero de escribano a su cintura que puso una señal en aquellos cuyos corazones estaban afligidos por el mal que se hacía en la ciudad. Hasta que no fueron marcados, los destructores no comenzaron su trabajo. El Señor preserva escrupulosamente a los suyos cuando desnuda su brazo de guerra. En el libro de Apocalipsis el ángel dijo: «No hagáis daño a la tierra, ni al mar, ni a los árboles, hasta que hayamos sellado en sus frentes a los siervos de nuestro Dios» (7:3). La venganza debe mantener la espada envainada hasta que el amor ha alojado a sus predilectos. Antes de que los elementos se fundan con fuego ardiente y los pilares del universo tiemblen y se enrollen bajo el peso de la deidad airada, Cristo arrebatará a su pueblo para que esté siempre con Él. Dividirá a las naciones, como el pastor separa sus ovejas de las cabras, y ninguna oveja suya será destruida. Que Dios nos conceda estar entre los escogidos y comprobar su poder para guardarnos en el día de la ira. Que cada uno de nosotros exclame en medio de la devastación material y el choque de mundos: «Quedé yo solo». Así será si usted aborrece los pecados de los que le rodean, si ha recibido la señal de la sangre de Jesús en su alma. Si no, no podrá escapar, porque no hay ninguna otra puerta de salvación.

Después, este juicio fue puesto en *manos del Mediador*. Observe que en Ezequiel 9 no se hizo matanza alguna excepto donde el escribano con el tintero guiaba. También vemos en el capítulo diez que «un querubín extendió su mano de en medio de los querubines al fuego que estaba entre ellos, y tomó de él y lo puso en las manos del que estaba vestido de lino, el cual lo tomó y salió» (v. 7), y lo arrojó sobre la ciudad. La gloria de Dios se elevó encima del querubín, sobre el lugar de propiciación y expiación, y en tanto el resplandor permaneció, no cayó juicio sobre Jerusalén. Pero después «la gloria de Jehová se elevó de encima del querubín al umbral de la puerta» (v. 4), y el juicio fue inminente. Cuando Dios no trata con los hombres en Cristo, su ira arde como fuego, y comisiona al embajador de misericordia para que sea embajador de ira. El mismo hombre que marcó con su pluma al que era salvo arrojó carbones encendidos sobre la ciudad y mostró el camino para la destrucción de los pecadores. ¿No enseña esto que: «el Padre a nadie juzga, sino que todo el juicio dio al Hijo»? (Juan 5:22).

No conozco verdad más espantosa sobre la que meditar. Piense en ella: usted será juzgado por el mismo Cristo que murió en el Calvario. Dios juzgará el mundo por el hombre Cristo Jesús. Él es quien vendrá en las nubes del cielo y juntará a todas las naciones delante de sí, y cuando los que le despreciaron le miren al rostro, sentirán un terror inconcebible y espantoso. Ni los relámpagos, ni los truenos, ni el terrible sonido de la última e imponente trompeta los aterrorizará como el rostro del amor herido. Entonces dirán a los montes y a las peñas que les escondan del rostro de aquel que está sentado sobre el trono (Ap. 6:16). Ciertamente, éste es el rostro de Aquel que lloró por los pecadores, el rostro que los escarnecedores mancharon con gotas de sangre caída de la corona de espinas, el rostro del Dios encarnado que vino a salvar la humanidad con infinita misericordia. Pero como ellos le menospreciaron prefiriendo sus propias concupiscencias al amor infinito y persistieron en rechazar la mejor prueba de la bondad de Dios, la visión de aquel rostro será para ellos más acusadora y condenatoria que todo lo demás. ¡Cuán aterradora es esta verdad! Cuanto más la considera uno, tanto más se llena el alma de terror. Que Dios nos conduzca a volar a Jesús, porque entonces le miraremos con gozo en aquel día.

Esta destrucción *comenzó por el santuario*. El Señor dice: «Comenzaréis por mi santuario» (Eze. 9:6). Comenzad por los dirigentes y la vanguardia del mundo religioso; comenzad por los profesores eminentes que son tenidos por modelo. Me pregunto, si el Señor visitara nuestra ciudad en su ira, por dónde comenzaría Él. Creo que comenzaría por las iglesias, los pastores y predicadores, los maestros y obispos y miembros de iglesia. ¿Qué dice Pedro? «Porque es tiempo de que el juicio comience por la casa de Dios; y si primero comienza por nosotros, ¿cuál será el fin de aquellos que no obedecen al evangelio de Dios? Y: si el justo con dificultad se salva, ¿en dónde aparecerá el impío y el pecador?» (1 Pe. 4:17-18).

Lo primero que hicieron los verdugos fue matar a los ancianos que estaban en el templo, y a los setenta ancianos del pueblo, porque eran idólatras secretos. Puede estar seguro de que la espada que no perdonó a los príncipes y padres actuó rápidamente contra los de más baja condición. Los que ocupan funciones de liderazgo en la iglesia no deben esperar un trato más indulgente que otros en el último gran juicio. Antes bien, si hay una prueba especial para examinar la sinceridad, ésta será para los que han asumido guiar a otros al Salvador. Actuar de hipócrita es actuar de necio. ¿Puede un hombre engañar a su Hacedor o despistar al Altísimo? Imposible. Los miembros de iglesia deberían considerar esto bien, porque el juicio comenzará por ahí. Por ahí es donde comenzarán los estragos cuando los vengadores del Señor se presenten. Cuán fieramente devastará la espada las huestes de profesores carnales, que se llaman a sí mismos siervos de Dios pero son esclavos del diablo. Hay quienes beben de la copa del Señor pero están ebrios con el vino de sus propias concupiscencias, que mienten, engañan, cometen fornicación, y aun así se atreven a acercarse a la mesa del Señor. ¡Qué cortes y tajos habrá en este grupo! Sería mejor para toda esa gente no haber nacido. La palabra es terrible para todos los que tienen nombre de que viven y están muertos. Dios, concédenos que en tales tiempos de juicio, cuando muchos tropiecen, podamos soportar cada prueba y exclamar al fin: «quedé yo solo».

Después que los verdugos comenzaron por el santuario, no pasaron por alto a ninguno, excepto a los que tenían la señal en la frente. Hombres y mujeres, jóvenes y ancianos, sacerdotes y laicos fueron pasados a espada. De manera que en el último día, todos los pecadores que no hayan buscado refugio en Cristo perecerán. Una de dos: la señal de la pluma de Cristo o la marca de su espada deben cernerse sobre cada cual. No habrá ni uno que escape porque fuera rico o elocuente, o estuviera bien educado o tenido en alta estima. Los que están marcados con la sangre de Cristo están a salvo. ¿Lleva usted la señal? ¿O morirá en sus pecados? Inclínese a los pies de Jesús e implórele que le señale como suyo. Que sea usted uno de los que exclamen gozosos: «Quedé yo solo».

Las personas que escaparon

Toda persona que escapó pudo exclamar: «Quedé yo solo». Se nos dice que fueron marcados con la señal de la misericordia los que gemían y clamaban «a causa de todas las abominaciones que se hacen en medio de ella» (Eze. 9:4). Recuerde que esto es Palabra de Dios, no mía. Óigala y pondérela por sí mismo. No dice que la espada devoradora pasó por alto a gente tranquila que nunca hizo daño a nadie. Tampoco dice que el Señor salvó a los juiciosos que retuvieron su buen nombre y su reputación hasta la muerte. Las únicas personas que fueron salvadas fueron las que se angustiaban de corazón y esa labor era penosa. Gemían y clamaban dolidos por el pecado abundante. Lo veían, lo rechazaban, lo evitaban y, por último, lloraban continuamente a causa de él. Aunque fracasara el testimonio, aún podían lamentarse. Se sentaban y gemían de corazón por causa de los males que no podían curar. Y como los gemidos no sirvieran de nada, se pusieron a clamar en oración para que Dios pusiera fin a los males horrendos que se incubaban en el país.

Me pregunto, si fuera capaz de leer las vidas secretas de los que profesan la fe, si hallaría gente que gime y clama por el pecado de otros. ¿Habría una décima parte de ellos agitados y angustiados de corazón? Mucho me temo que no causa mucha ansiedad en algunas personas ver desenfreno de pecado en torno suyo. Aseguran que lo sienten, pero no les causa mucho problema. ¿Ha sentido alguna vez que su corazón se va a quebrantar por un hijo impío? ¿Se ha sentido dispuesto a entregar su vida para salvar a una hija suya? Cuando va por la calle y observa la suciedad moral ¿no se le hiela la sangre? Si puede subir y bajar por el mundo con toda comodidad porque está prosperando, y se olvida del entorno de pecado y pobreza y de la gran calamidad que se acerca, no puede haber mucha gracia en usted. ¿Cómo puede morar en usted el amor de Dios? «¿Es que tenemos que estar siempre tristes?», preguntará alguno. Todo lo contrario. Hay muchas otras cosas que nos alegran, pero si la triste condición de nuestros vecinos no nos hace gemir y clamar no tenemos la gracia de Dios en nosotros. El verdadero creyente ama su raza y no puede soportar ver pecar a los hombres, deshonrar a Dios y arruinarse a sí mismos. A veces cae sobre mi corazón como un enorme alud de montaña que aplasta mi espíritu cuando pienso que Jesús es rechazado, su precioso nombre blasfemado, y el evangelio progresa tan poco en nuestro país. Que Dios irrumpa, aunque nos cueste miles de vidas, porque estamos dispuestos a morir de buena gana para salvar a nuestro país de tan horrenda maldición de pecado. Me alegro mucho cuando pienso que el reino de Cristo viene, pero nada bajo el cielo me puede satisfacer si la obra de mi Señor se halla paralizada. Debemos estar tan inmersos en la gloria de Dios que la maldad de la humanidad nos duela en el corazón.

Pero los que escaparon a la destrucción fueron preservados por llevar la señal. Todos debemos llevar la señal de Jesucristo. Es la señal de la fe en la sangre expiatoria. Esto y solo esto aparta a los escogidos del Señor. Si usted tiene esa señal, ninguna espada de justicia se acercará a usted el último día. «Pero a todo aquel sobre el cual hubiere señal, no os acercaréis» (Eze. 9:6). No se acercará a los que estén señalados. El alma marcada por la gracia está segura porque el mal ni siquiera se le acercará. Dejadle en paz, portadores de armas de destrucción. Así como al ángel de la muerte, cuando voló por el país de Egipto, se le prohibió tocar una sola casa cuyos postes y dintel estuvieran señalados con la sangre del cordero, es seguro que la justicia vengadora no tocará al hombre que está en Jesucristo. ¿Quién condenará si Cristo ha muerto? Si usted está marcado por el hombre vestido de lino, podrá decir: «Quedé yo solo».

Las emociones del profeta

Ezequiel vio hombres caer a diestra y siniestra, quedó como roca solitaria en medio de un mar de sangre y exclamó maravillado «quedé yo solo».

Pero hay aún más. «Me postré sobre mi rostro.» Se *postró humildemente.* ¿Tiene esperanza de haber sido salvo? Entonces, ¡póstrese sobre su rostro! Vea el infierno del que ha sido rescatado y póstrese delante del Señor. ¿Por qué es usted salvo y otros no? Ciertamente no es por ningún mérito suyo. Se debe únicamente a la soberana gracia de Dios.

Si un hombre fue borracho y después pudo acudir a Cristo, cuando dice: «Quedé yo solo», sentirá que se le saltan las lágrimas, ya que muchos otros borrachos murieron en su delirio. Verdaderamente, cada persona salva es una maravilla para sí misma. Nadie se maravilla más de su salvación que yo. ¿Por qué fui yo llamado y salvado? No puedo explicármelo ni nunca podré. Pero siempre alabaré, bendeciré y magnificaré a mi Señor por acordarse de mí. ¿No hará usted lo mismo? ¿No caerá sobre su rostro y bendecirá la misericordia que hace posible que Dios sea su Padre?

¿Qué hizo después el profeta? Al ver que él había quedado *se puso a orar por otros.* «!Ah, Señor Jehová!, ¿destruirás a todo el remanente de Israel?» (Eze. 9:8). La intercesión es un instinto del corazón renovado. Cuando el creyente descubre que es salvo, debe de orar por otros. Aunque la oración del profeta fuera tardía, la nuestra no tiene por qué serlo. Seremos oídos cuando oremos por los que perecen. Pida a Dios que, igual que le salvó, salve a los que son como usted. No descanse hasta haber luchado con Dios por su salvación. Incline su cabeza de inmediato y clame a Dios por ellos.

Que Dios oiga esa oración si procede de labios sinceros. Yo no podría soportar el pensamiento de echar de menos a alguno de mis hijos en el cielo. Siento profunda compasión por cualquiera cuya familia no ha venido a Cristo. Oh, que Dios nos dé gracia para orar diligentemente y faenar celosamente por la salvación de toda nuestra familia.

¿Qué decir de nuestros vecinos, compañeros de trabajo, amigos y colaboradores de negocios? ¿Ha hablado con ellos? Es maravilloso lo que puede hacer una palabra amable. ¿Lo ha intentado? «Pero no debemos ser demasiado agresivos», dirá alguno. No se me da nada acerca de esto. Si usted viese gente atrapada en un edificio en llamas, nadie le culparía por abrirse camino para salvarles. Cuando un hombre se está ahogando en el río, ¿quién echaría la culpa al que salta para intentar rescatarle? Este mundo está perdido y ha de ser salvado. Debemos asir a los pecadores que se hunden, aunque sea agarrándoles por los pelos de la cabeza, porque si se ahogan se perderán para siempre. No debemos permitir que mueran sin conocer la verdad.

Si usted es preservado mientras otros perecen, le ruego por las misericordias de Dios, por el corazón compasivo de Cristo Jesús, por las heridas sangrantes del moribundo Hijo de Dios, que ame a sus semejantes, gima y clame por ellos si no puede llevarles a Cristo. Si no puede salvarles, puede llorar por ellos. Si no puede ofrecerles una gota de agua fresca en el infierno, puede ofrecerles sus lágrimas mientras aún están en este cuerpo.

Los que somos constitucionalmente dados al abatimiento no debemos ceder a la depresión. Debemos clamar a Dios para que nos ayude por el divino Consolador y procurar ser cristianos gozosos. Tenemos muchos motivos para estar alegres, pues el Padre mismo nos ama y nos ha dado eterno consuelo en Cristo Jesús. No seamos tan insensatos y desagradecidos como para descuidar estas consolaciones del Espíritu. Si la fuente fluye con tanta largueza, ¿por qué hemos de estar sedientos? Si andamos con un semblante triste, podemos afligir a los débiles en la familia de Dios y esparcir la infección de la depresión. Ciñámonos el cilicio en el lomo si no hay más remedio, pero no lo restreguemos a la cara de nadie no sea que ofendamos al pueblo de Dios. ¿No queda claro en la Palabra que saldremos perjudicados si damos lugar a la aprensión, la congoja y el desaliento? ¿No es evidente que nos vigorizamos, equipamos y preparamos para el servicio de nuestro Señor cuando nos fortalecemos en el Señor y en el poder de su Espíritu? Por lo cual, expresemos vehementemente a Dios el deseo de que su consolación eterna enriquezca nuestros espíritus y que nuestros corazones sean consolados en este momento.

Capítulo 10

La gracia abundante es motivo para dar de gracia

Y el mismo Jesucristo Señor nuestro, y Dios nuestro Padre, el cual nos amó y nos dio consolación eterna y buena esperanza por gracia, conforte vuestros corazones, y os confirme en toda buena palabra y obra —2 Tesalonicenses 2:16-17.

Los santos de Tesalónica habían sido perseguidos y afligidos, pero habían exhibido tal fe que Pablo dijo de ellos: «Nos gloriamos de vosotros en las iglesias de Dios, por vuestra paciencia y fe» (2 Tes. 1:4). Y por si no hubieran tenido suficientes problemas afuera, surgieron entre ellos ciertos maestros lunáticos que declaraban que el día de Cristo estaba por llegar de un momento a otro. La venida del Señor es la mayor esperanza de la iglesia, y evidencia del poder extremo del error para envenenar y pervertir la verdad: que nuestro mayor consuelo puede ser tergiversado hasta el punto de causar aflicción e inquietud a los santos. Tal parece que sucedió con los tesalonicenses. Estaban confundidos con misteriosos rumores que los zelotes probablemente defendían basándose en una errónea interpretación del lenguaje del apóstol en la primera epístola que les envió. Parece ser que fueron tentados a abandonar su estilo de vida normal, e incluso sus ocupaciones, porque el mundo se precipitaba velozmente hacia su fin. Como esto creara mucha confusión entre los miembros de la iglesia, Pablo les escribió esta segunda carta para establecerles en la verdad y protegerles del mal. Sintió que era de suma importancia que esta honorable iglesia tuviera paz y no estuviera huérfana de consolación respecto a las amargas persecuciones que sufría o sus dificultades internas.

La importancia de que los creyentes disfruten de consolación

Nunca debemos decir que no importa si estamos dudando o creyendo, gimiendo o regocijándonos. Importa muchísimo. Todo comandante sabe que si sus soldados no tienen buen ánimo, el número de combatientes y la instrucción no significan victoria en la batalla. El coraje es un valor esencial. La palabra del Señor a su pueblo siempre fue: «Esfuérzate y sé valiente» (Jos. 1:6). Él desea que los que conocen su glorioso evangelio vivan una vida bienaventurada para que le puedan servir mejor. ¿No dice su Espíritu: «Regocijaos en el Señor siempre»? «Otra vez digo: !Regocijaos!» (Fil. 4:4) ¿No nos ha dado al Consolador para poder consolarnos continuamente? Los creyentes dan mucha más gloria a su nombre si están llenos de gozo y paz en el creer que si se entregan al abatimiento. «El gozo de Jehová es vuestra fuerza» (Neh. 8:10).

Nuestro texto *implica de por sí* que el Señor desea que tengamos buen ánimo. Es la oración de un hombre inspirado. Pablo escribió guiado por el Espíritu Santo cuando articuló esta oración: «Y el mismo Jesucristo Señor nuestro, y Dios nuestro Padre,… conforte vuestros corazones, y os confirme en toda buena palabra y obra». Está en la memoria de Dios para siempre que todos los cristianos estimen la consolación, como fue estimada por el tierno amador de la manada de Cristo. Estimar a la ligera lo que el experimentado apóstol a los gentiles apreció sería una gran presunción por nuestra parte.

Pablo expresa esta oración de una manera profundamente solemne, ya que escribe: «Y el *mismo* Jesucristo Señor nuestro». ¿Era necesario usar la palabra *mismo*? Él puso mucho énfasis en que el Señor Jesús en persona, y por su poder, consolara a los tesalonicenses. ¿No es una cuestión importante lo que mueve el reverente corazón de Pablo a rogar de este modo? Y esto no es todo, porque sigue diciendo: «y Dios nuestro Padre». Es como si su necesidad de paz precisara que el mismo Dios Padre emprendiese la obra de consolar a su pueblo. Nadie podía ofrecerles el consuelo que necesitaban, sino sólo Dios.

Tampoco es éste el único ejemplo que hay en la epístola en el que se expresa este deseo con la misma intensidad: «Y el mismo Señor de paz os dé siempre paz en toda manera» (2 Tes. 3:16). Yo no conozco una sola frase que abarque un deseo más intenso de que tengan paz. «El Señor» es invocado y descrito «Señor de paz», para que toda su divina majestad sea vista y su poder pacificador sea desplegado. «El Señor de paz» es invocado para que dé paz por sí «mismo», y lo haga «siempre». La paz en el frescor vespertino no es suficiente, es necesaria a cualquier hora del día, todos los días del año, y en cualquier fase de la vida, en todo lugar, y bajo cualquier circunstancia. Este deseo es expresado con amplitud de palabras: «Os dé siempre paz *en toda manera*». Si no puede ser por un medio, que venga por otro, pero de una u otra manera que usted pueda disfrutar la paz del Señor que Él solo puede dar. Una oración así no se hubiera incluido en las Escrituras a menos que fuera de suma importancia para que tengamos paz mental.

Pablo casi sugiere una razón para esta intensa necesidad, ya que nos deja ver en una palabra que es una bendición vital porque *influye en el corazón del cristiano*. Su expresión es: «Conforte vuestros corazones». Es maravilloso tener un cuerpo sano, pero ¿qué es eso comparado con un corazón sano? Una enfermedad del corazón es un perjuicio para la persona entera. Si algo va mal con la fuente, la corriente de la vida pronto se resiente. Toda la existencia depende del corazón, de aquí la necesidad de consuelo y el valor de la promesa: «Aliéntese tu corazón» (Sal. 27:14). Es un desastre que el resorte de la acción se debilite y el espíritu naufrague. «El ánimo del hombre soportará su enfermedad; mas ¿quién soportará al ánimo angustiado?» (Prov. 18:14). Cuando el espíritu está herido y comienza a hundirse, las aguas penetran hasta el alma. De aquí que el Señor dijera a sus discípulos: «No se turbe vuestro corazón; creéis en Dios, creed también en mí» (Juan 14:1). Solo la fe sustenta el corazón y permite al hombre sostenerse y animarse bajo presión. Un corazón sin consuelo afectará lastimosamente todos sus actos y echará a perder la fuerza vital del propio ser. «Por lo cual, levantad las manos caídas y las rodillas paralizadas» (Heb. 12:12), diciendo a los de corazón apocado «esfuérzate y sé valiente». Pida que el corazón se regocije en Dios, porque entonces la aspereza del camino y el mal tiempo serán asuntos de poca importancia.

Esta confianza de corazón evita la impaciencia y otros males. Posiblemente fue la falta de consuelo lo que indujo a algunos tesalonicenses a predicar la venida inmediata de su Señor. Tal vez su impaciencia excitara su deseo y el deseo condujera a tal aseveración. Cuando las personas pierden el consuelo presente en las sencillas doctrinas del evangelio, probablemente empezarán a especular, especialmente por lo que concierne a la venida del Señor. Abandonaron la espera paciente que es nuestra obligación por una profecía febril que la Palabra de Dios no estimula en ninguna parte. Note que el apóstol les dijo en el capítulo tres: «El Señor encamine vuestros corazones al amor de Dios, y a la paciencia de Cristo» (v. 5). Nadie espera pacientemente cuando está bajo de ánimo y fatigado de corazón. Cuando todo es zarandeado, y se debilita la esperanza, y la comunión se rompe, y el celo está por los suelos, saltamos a cualquier cosa que ponga fin a la lucha y nos ayude a evitar más esfuerzo. La pereza y el desaliento conducen a muchos a exclamar: «¿Por qué tarda su carro en venir?» (Jue. 5:28). Piensas que el tiempo se alarga mucho y también la vida porque no estás contento en donde tu Señor te ha puesto, y deseas ausentarte del campo de servicio y hospedarte en la cámara del reposo. Pero no sirve de nada.

Debemos recibir consuelo en el espíritu para ser capaces de seguir laborando pacientemente, por mucho que dure la vida o por mucho que nuestro Señor se retrase. Si no, si nos impacientamos, podemos lanzarnos temerariamente a cometer actos fanáticos, como los tesalonicenses. Creyendo que el Señor ya venía, descuidaron sus responsabilidades diarias y se volvieron entrometidos, deambulando de casa en casa y dejando de lado a otros que no parecían ser tan espirituales. Fueron meros contempladores de cielos, esperando el advenimiento del Señor con la boca abierta y los ojos vueltos hacia arriba, en peligro constante de caer en zanjas. Pablo les mandó trabajar y comer su propio pan (2 Tes. 3:12), y si no estaban dispuestos a obedecer, que los otros no se juntaran con ellos (2 Tes. 3:14).

Si usted se está impacientando por el día del Señor, ruego que el consuelo de corazón le enfríe. Acuda a su trabajo diario como si Cristo no fuera a venir, porque si viniera, estaría mucho más preparado para recibirle ocupado en su llamado. Si yo supiera que el Señor viene mañana, me ocuparía de mis obligaciones cotidianas antes que abandonarlas para mirar por la ventana, esperando ver maravillas. Sea que el Maestro venga mañana o dentro de mil años, la actitud más sensata es seguir su vocación en su temor y por su causa. Deberíamos hacer mejor nuestro trabajo sabiendo que puede venir en cualquier momento y hallarnos ocupados, pero no debemos descuidar nuestra obligación bajo el pretexto de su inminente aparición. Tenga en cuenta que a menos que su corazón permanezca en Dios, no se entregará conscientemente, con ahínco, a sus obligaciones. Correrá tras esta novedad y aquella si su mente no descansa en Jesús. Por eso Pablo se preocupó tanto de orar por los tesalonicenses.

Estoy seguro de que este consuelo es extremadamente deseable porque *fomenta la fertilidad.* El apóstol más que sugerir apunta claramente: «Conforte vuestros corazones, y os confirme en toda buena palabra y obra». Cuando no estamos felices en el Señor, no nos entregamos sinceramente a su servicio. Nos volvemos impacientes, y necesitamos la postrera exhortación: «Y vosotros, hermanos, no os canséis de hacer bien» (2 Tes. 3:13). Si sentimos que Jesús es nuestro, que todas las cosas nos ayudan a bien y que la gloria eterna nos pertenece, por un pacto firme, la gratitud nos animará a una total consagración, porque el amor de Cristo nos constriñe (2 Cor 5:14). La duda y la ansiedad nos apartan de la obra del Maestro, pero cuando Él nos da descanso, tomamos su yugo alegremente y hallamos aún más descanso para nuestras almas (Mat. 11:29-30). Si nuestros corazones cantan y nuestras manos laboran, nada que hagamos para nuestro Redentor es suficiente. Somos así confirmados en la obra, de modo que nos deleitamos faenando hasta que Él venga y diga: «Bien, buen siervo y fiel… entra en el gozo de tu señor» (Mat. 25:23).

De modo que todo se reduce a esto. Los que somos constitucionalmente dados al abatimiento no debemos ceder a la depresión. Debemos clamar a Dios para que nos ayude por el divino Consolador y procurar ser cristianos gozosos. Tenemos muchos motivos para estar alegres, pues el Padre mismo nos ama y nos ha dado eterno consuelo en Cristo Jesús. No seamos tan insensatos y desagradecidos como para descuidar estas consolaciones del Espíritu. Si la fuente fluye con tanta largueza, ¿por qué hemos de estar sedientos? Si andamos con un semblante triste, podemos afligir a los débiles en la familia de Dios y esparcir la infección de la depresión. Ciñámonos el cilicio en el lomo si no hay más remedio, pero no lo restreguemos a la cara de nadie no sea que ofendamos al pueblo de Dios. ¿No queda claro en la Palabra que saldremos perjudicados si damos lugar a la aprensión, la congoja y el desaliento? ¿No es evidente que nos vigorizamos, equipamos y preparamos para el servicio de nuestro Señor cuando nos fortalecemos en el Señor y en el poder de su Espíritu? Por lo cual, expresemos vehementemente a Dios el deseo de que su consolación eterna enriquezca nuestros espíritus y que nuestros corazones sean consolados en este momento.

El evangelio del consuelo es gratuitamente concedido

«Y el mismo Jesucristo Señor nuestro, y Dios nuestro Padre, el cual nos amó y *nos dio* consolación eterna». Fíjese que el consuelo ofrecido a los creyentes es gratuito porque se *dice de él que es un regalo.* El viejo proverbio da en el clavo: «Nada es más gratuito que un regalo». Toda bendición que recibimos de Dios es un regalo. No hemos ganado nada, de manera que ¿con qué lo vamos a adquirir? ¿Qué trabajo hemos hecho nunca para merecer la consolación eterna de mano del gran Señor? El consuelo en Cristo es un don absolutamente gratuito y espontáneo, de gracia soberana, porque el Señor tiene derecho a hacer como le place, pero ciertamente, no en concepto de algo que hayamos hecho o vayamos a hacer. Si usted tiene algún consuelo o triunfo en Dios, es Él quien le ha concedido su santo gozo.

La liberalidad de este don se constata en cada parte del mismo. El consuelo que Dios nos ha dado es completo, pero tan manifiestamente gratuito como evidentemente perfecto. Cubre *el pasado* con estas doradas palabras: «El cual nos amó»; en cuanto al *presente,* está enriquecido con esta verdad: «Nos dio consolación eterna»; y por lo que respecta al *futuro,* es glorificado con esta bendición: «Y buena esperanza por gracia». He aquí un triple consuelo de valor indescriptible.

Él «nos amó». ¿Por qué? Vamos, hombres entendidos, husmead en *la antigüedad* y decidme por qué Dios amó a sus escogidos. Paraos y reparad todo lo que queráis en la mente eterna, pero la única respuesta de la excelente gloria brota de los labios de Jesús: «Sí, Padre, porque así te agradó» (Mat. 11:26). ¿No dispensará sus favores el Rey de reyes como le plazca? Él nos amó «antes de la fundación del mundo» (Efe. 1:4); un amor tan antiguo no puede haber nacido por causa humana. El amor eterno es una llama que se abraza a sí misma; no recibe combustible de fuera sino que se autoalimenta. Él afirma: «Con amor eterno te he amado; por tanto, te prolongué mi misericordia» (Jer. 31:3). El porqué de ese amor eterno es inexplicable. Por amor divino, el pasado misterioso resplandece con la gloria de Dios y su luz es como una piedra preciosísima, como de jaspe, clara como el cristal. Cuando miramos el pasado, vemos la negrura de nuestra culpa y el abismo del que fuimos rescatados, pero ahora vemos un arroyo de misericordia argentada que fluye del trono de Dios y del Cordero y seguimos su huella hasta el eterno propósito de amor y el pacto de gracia. Escrute como pueda su luz inefable, pero incluso con el ojo de la fe, lo único que podrá discernir del pasado es el incomparable esplendor de la palabra *AMOR*. El Señor nos amó en la eternidad. ¡Cuán gratuito es esto! El pasado reluce con amor, con el amor más generoso.

En cuanto *al presente*, Él «nos dio consolación eterna». Ya la tenemos. Tenemos el perdón de los pecados, la perfecta justicia de Jesucristo es nuestra, la vida con Cristo, la unión con Cristo, el casamiento con Cristo son todos nuestros. La gloria con Cristo será nuestra, es más, ya tenemos la señal de pago en el Espíritu que mora en nosotros y estará con nosotros para siempre. Todo esto es a buen seguro un don. ¿Cómo podría ser de otra manera? Bendiga, pues, al Dador. Esto nunca habría sido nuestro si la gracia generosa y el amor agonizante no nos lo hubieran traído.

En cuanto *al futuro*, ¿qué de él? Las nubes hacen descender la oscuridad y la tempestad murmura a lo lejos y temblamos no vaya a ser que al final de la vida, cuando la fuerza física se acabare, nos alcance la tormenta de la muerte. Pero esto lo cubre todo: tenemos «buena esperanza por gracia». Las Escrituras nos aseguran que el gran Pastor nos acompañará en el valle de sombra de muerte, que después de la muerte hay resurrección y que con el cuerpo resucitado veremos al

Rey en su hermosura cuando Él se levante en los últimos días sobre la tierra. Esto también es una esperanza tan buena que inunda el futuro con música. También esto es un don. No hay rastro de reivindicación legal en ello; no viene por vía de la recompensa, sino del favor divino. La gracia generosa reina en el pasado, el presente y el futuro.

Para que no cometamos ningún error, el apóstol menciona *«el mismo Jesucristo Señor nuestro»* como Aquel de cuya mano proceden estas consolaciones tan generosas. ¡Qué pensamiento tan reconfortante el que Jesucristo me consuele! Cuando el Señor mismo considera consolar a sus hermanos, le garantizo que lo hace al estilo celestial. No fallará ni se desanimará. Lavará nuestros pies si estamos cansados. Nos ofrecerá su pecho como almohada si nos duele la cabeza. Nos ungirá los ojos con ungüento si nos fallan y nos vendará el corazón quebrantado si está sangrando. Para que no caigamos, pondrá debajo de nosotros sus brazos eternos, y para que no resultemos heridos, extenderá sobre nosotros la sombra de sus alas. Él nos ha concedido todo su ser en su magnificencia y su humanidad en su ternura. Él se esfuerza por nosotros y no nos dejará sin consuelo. Vendrá como quien se compadece de nosotros en toda aflicción y como poderoso ayudador en toda angustia. ¡Qué gracia nos está dispuesta! ¿No está Él lleno de gracia y verdad? «Porque no envió Dios a su Hijo al mundo para condenar al mundo, sino para que el mundo sea salvo por él» (Juan 3:17). Vendrá un día de juicio, pero ahora el Hijo de Dios está sentado en un trono de gracia y sostiene un cetro de amor. Sabemos que los consuelos del evangelio deben ser holgadamente gratuitos, pues nos son traídos por Jesucristo mismo.

Luego añade el apóstol solemnemente: *«Y Dios nuestro Padre»*. Parece que aquí hay un rasgo particular de dulzura. No es «Dios el Padre», sino «Dios nuestro Padre». Él se acerca a nosotros y alegra nuestro corazón. Pero un Padre no paga salario a sus hijos; les otorga gratuitamente dones de su corazón paternal. Así pues, vemos que los eternos consuelos del evangelio vienen generosamente como regalos espontáneos de nuestro gran Padre cuya delicia es dar buenos dones a los que le piden.

¿No puede mirar a lo alto en este momento y exclamar: «Padre nuestro»? ¡Cuán dulce es sentir el testimonio del Espíritu en el alma y exclamar: «Abba Padre»! El espíritu de adopción no es jamás un espíritu de esclavitud y legalismo. Nunca se jacta en el mérito humano, sino que su canción es «gracia generosa y amor agonizante». Que el favor gratuito de nuestro Padre haga cantar su corazón.

Lea otra vez el texto y verá cuán explícito es Pablo respecto a un punto. Para hacernos ver la liberalidad de las consolaciones que llegan al atribulado pueblo de Dios, escribe: «Y el mismo Jesucristo Señor nuestro, y Dios nuestro Padre, *el cual nos amó*». El amor divino es una verdad de tal calibre que no es tanto una verdad a declarar de palabra como a disfrutar en silencio, en el corazón. Yo puedo entender que Dios se compadezca de mí en mi miseria, pero me lleno de sagrado asombro cuando se me dice que ¡Él me *ama!* ¡Me ama! ¿Qué puede haber en mí digno de ser amado por el Espíritu Santo? ¿Por qué iba Jesucristo a fijar su corazón en usted? ¿Se enamora el alfarero de su arcilla? Maravilla de maravillas es que el Señor ame a pobres donnadies, manchados de pecado, de tan mal carácter y naturaleza tan alienada. El que nos amara como para realmente morir por nosotros excede a todos los milagros de su poder. Sí, su amor es el origen y la fuente de todas sus misericordias para con nosotros. No cabe duda de que esto es gratuito, pues el amor no se puede adquirir. El amor no se vende en el mercado, no sabe nada de precios ni de trueques. El amor debe ser insobornable, inconquistable. ¿Comprar y adquirir amor divino? ¿No sería tal insinuación bordear la más negra blasfemia?

No obstante, observe que por cuanto el apóstol temía que nos apartáramos de esta doctrina de la gracia, añadió: «Nos dio consolación eterna y buena esperanza *por gracia*». A algunas personas no les gusta el sonido de la palabra *gracia*. Es demasiado calvinista. No me importa cómo se le llame, pero es la mejor palabra que contiene la Biblia después del nombre de Dios nuestro Salvador. Toda nuestra esperanza brota de la gracia de Dios. La gracia debe de reinar, o el hombre ha de morir. Todas las demás carreteras están cortadas; solo la gracia tiende un puente sobre el abismo al hombre y abre camino para el tráfico entre el cielo y la tierra. La gracia reina en nuestro consuelo espiritual, y solo la gracia. Glorifiquemos a Dios por ella. Todas las buenas obras que adornan el carácter cristiano son consecuencia de la gracia de Dios y no causa de ella. La gracia nos es concedida para poder servir a Dios, no porque sirvamos a Dios. El objeto de la divina gracia es hacernos santos, pero la gracia no esperó hasta hallarnos tal cual.

Por eso las consolaciones que da Dios son «eternas». Si la gracia dependiera de nuestros méritos, se asentaría sobre la niebla o descansaría sobre una sombra apoyada en un sueño. Pero si Dios nos amó por pura gracia, si Jesucristo nos ha dado consuelo por puro amor y si todo nuestro consuelo descansa en la soberana gracia de Dios en Jesucristo, no hay razón para que pase de largo a menos que la gracia de Dios se pueda evaporar. Nunca confíe en sus excelsos sentimientos y sus buenas obras, o en la creencia de que el pecado está muerto en usted. El que se humilla ante Dios, consciente de su pecado, se lamenta y descansa en todo en la soberana gracia y generosa misericordia de Cristo Jesús, puede mantenerse seguro donde está, porque su esperanza nunca fallará.

Adónde nos conduce esto

Los cristianos deberían interesarse sinceramente en toda empresa benevolente. «Conforte su corazón y establézcase en *toda* buena palabra y obra». Como seguidor de Cristo, me deleito en aceptar todo asunto que pueda hacer bien a otros. Las preocupaciones de los hombres son las mías.

Esto debería llevarse a cabo en acciones directas, así como en palabras. «En toda buena palabra y obra». Algunos creyentes piensan que la palabra debe serlo todo y el trabajo nada, pero las Escrituras no piensan lo mismo. Estas personas hablan mucho acerca de lo que hacen y mucho acerca de lo que otros deberían hacer y mucho más acerca de lo que otros no aciertan a hacer. Hablan palabras, palabras, palabras y nada más que palabras. Nunca se ponen a trabajar», pero el apóstol Pablo puso mucho cuidado en conjugar la palabra y el trabajo. Debe prestarse asistencia práctica, directa, ya que nuestro Señor no ama sólo de palabra, sino también de hecho y en verdad.

Esto se debe hacer sin presión. Del mismo modo que Dios nos ha amado tan espontáneamente, debemos hacerlo todo liberalmente con un corazón desbordante. Dé porque se deleita en dar generosamente, no porque se sienta obligado a hacerlo. ¿Cómo puede un corazón lleno de gracia agradarse mejor a sí mismo sino es haciendo bien? Dé como si diera a un rey, porque daríamos lo mejor que tenemos si le ofreciéramos algo. Que sea así en todos los servicios que presta a Dios. Que Él reciba lo mejor, sus posesiones más caras y mejores. Que todos los que creen en la generosa gracia de Dios se sitúen a la vanguardia de la carrera para servir a otros.

Dé de gracia, porque ha recibido de gracia.

La gracia de Dios hará que los hombres hablen el idioma puro y santo que es la marca del hijo de Dios. Cuando la gracia de Dios alcanza a una persona, los amigos lo descubren por su conversación. El hombre que no podía hablar sin blasfemar ya no lo hace. La lengua orgullosa hablará tan humilde y amablemente que otros apenas reconocerán a esa persona. El que hablaba con lenguaje sugerente y manifestaba deseos lascivos ni siquiera oirá tales cosas y mucho menos las mencionará, porque es una vergüenza para un cristiano hablar de esas cosas. La gracia de Dios lava en seguida la boca de la persona. Su esposa lo sabe, sus hijos lo notan, sus compañeros lo palpan, y algunos pensarán que es un necio por expresarse de la manera en que ahora lo hace. Algo cambia acerca de su conversación, de suerte que los hombres prorrumpen: «También éste estaba con Jesús el nazareno».

Capítulo 11

Los frutos de la gracia

En aquel tiempo habrá cinco ciudades en la tierra de Egipto que hablen la lengua de Canaán, y que juren por Jehová de los ejércitos; una será llamada la ciudad de Herez. En aquel tiempo habrá altar para Jehová en medio de la tierra de Egipto, y monumento a Jehová junto a su frontera. Y será por señal y por testimonio a Jehová de los ejércitos... Y Jehová será conocido de Egipto, y los de Egipto conocerán a Jehová en aquel día... Jehová de los ejércitos los bendecirá diciendo: Bendito el pueblo mío Egipto, y el asirio obra de mis manos, e Israel mi heredad —Isaías 19:18-25.

Esta es una profecía notable. Han intentado explicarla, como si ya se hubiese cumplido. Yo creo que tales intentos fracasan completamente. La promesa sigue pendiente de ser cumplida un día. En aquellos días brillantes que algunos estamos esperando, cuando el conocimiento del Señor cubra la tierra, entonces esta palabra a Egipto se confirmará y Dios será glorificado En Egipto y Asiria, así como en la tierra de Israel.

Es muy estimulante oír que se menciona a Egipto. En el Salmo 68 se dice: «Vendrán príncipes de Egipto; Etiopía se apresurará a extender sus manos hacia Dios» (v. 31). Yo creo que éste es el sentido literal del pasaje. Hay que entender que la profecía fue dada al pueblo de Israel, como a niños a quienes se explica las cosas por medio de tipos y figuras. Habla en su lengua. De ahí que mencione altares, columnas y oblaciones, las cuales se han de entender actualmente en sentido espiritual. La iglesia de Dios ha alcanzado madurez, ya no necesita altares ni oblaciones materiales, pues sabe que Cristo ha de ser su único altar, su único sacerdote, y la oración y la alabanza la oblación espiritual que ha de ofrecer. Entiendo que la profecía ha de ser esto, en definitiva. En el último día, Egipto se convertirá, así como Asiria, y las maravillas de la gracia se llevarán a efecto en ese país, y ese pueblo adorará al Altísimo con gozo.

Dicho esto, voy a usar el texto como *una exhibición maravillosa de la gracia de Dios* en esta promesa a Egipto. Veo que en ella se revela el mismísimo corazón de Dios. Veo una muestra de lo que Dios hará, no sólo en Egipto, sino también a otros.

La gracia de Dios alcanza a veces a los peores hombres

Esta promesa es para Egipto, la nación que era enemiga del pueblo de Dios. Sobre Egipto Él triunfó en el mar Rojo, cuando dijo faraón: «¿Quién es el Señor?» (Éxo. 5:2). Egipto es siempre considerado ejemplo típico de los enemigos de Dios. Sin embargo, la gracia de Dios llega a Egipto. Y sucede que visita a menudo a sus peores enemigos. Saulo de Tarso, respirando amenazas contra el Cristo de Dios, fue hallado y conquistado por el amor eterno, que renovó su corazón y le hizo apóstol de Cristo. Y muchas veces, desde entonces, el amor electivo ha escogido a los más furibundos adversarios de Cristo, y el poder del Espíritu Santo ha venido sobre ellos, convirtiendo a los leones en corderos, haciéndoles postrarse a los pies del Salvador.

Los egipcios eran un pueblo completamente envilecido por su idolatría y su política, pero se les promete recibir la gracia de Dios. ¡Oh, cuán asombrosa es la soberanía de Dios! El diablo no puede teñir de escarlata un alma, por el pecado, que no pueda la sangre de Cristo volver tan blanca como la nieve. Satanás no puede llevar una oveja escogida de Cristo tan lejos, por los montes de vanidad o los desiertos de pecado, que el gran Pastor no pueda encontrar y traerla al redil. Hay esperanza para los más hundidos. La infinita compasión de Dios puede alcanzarles y el eterno poder de Dios les puede levantar.

Pero el texto hace especial hincapié en una de las ciudades egipcias salvada que se llamaba Ciudad de Destrucción. Había recibido este nombre, y no obstante, Dios la miró con misericordia. Me parece que el Señor se agrada muchas veces de hallar a los pecadores más reputados para hacer de ellos hombres nuevos en Cristo Jesús. Tengo en la memoria algunos que han sido para mí fuente de gozo indecible, cuyos caracteres eran bien conocidos y ciertamente no admirados. Eran el terror de todos los que convivían con ellos. Recuerdo uno cuyo puño había derribado muchos adversarios y cuya vida ruin hacía temblar la aldea cuando estaba lleno de mosto. Pero ¡qué hijo tan humilde vino a ser cuando por fin el evangelio le derribó! El evangelio ha hallado algunas de sus joyas más brillantes en los escondites preferidos del vicio. Lleve el evangelio a las cuevas oscuras donde la negrura es tan palpable que cuelga como penumbra de muerte. Lleve la antorcha eterna que el Señor mismo ha encendido y descubrirá con su resplandor algunos redimidos preciosos que serán para alabanza de la gloria de su gracia.

Esto debería ser de gran estímulo a toda persona, porque allá donde se proclame la misericordia al adalid de los pecadores, habrá ánimo y esperanza para que toda suerte de pecador acuda humildemente a su Padre celestial. Suplique la preciosa sangre de Jesús y obtenga vida y paz.

La gracia de Dios envía un Salvador

«Porque clamarán a Jehová a causa de sus opresores, y él les enviará salvador y príncipe que los libre» (Isa. 19:20). Note que el profeta añade: «y príncipe». El que viene a salvar es Jesús, el Hijo de Dios. Viene a salvarnos de toda mancha de pecado, de nuestra inclinación a pecar, del poder de nuestros hábitos y de los lazos de Satanás. Él ha venido a salvarnos de la muerte eterna y de la ira venidera. ¡Oh, qué gran Salvador! Un Salvador pequeño no habría bastado a mi necesidad, porque gran pecado requiere gran expiación, y mi duro corazón precisaba una gracia estupenda para suavizarlo.

Jesucristo es grande en su naturaleza, ya que como Dios es infinito y omnipotente. También es grande por lo que ha hecho. Mírele en la cruz. Es el Hijo de Dios que derramó su vida por los pecadores para que puedan vivir por medio de su muerte. Debe de haber gran mérito en ese sacrificio. Por ser Dios verdadero de Dios verdadero, aunque ciertamente hombre, no es posible poner límite al valor de la expiación que Él ha consumado. Y una vez resucitado de los muertos, está delante de Dios para rogar por nosotros, y no es pequeña súplica ésta —no una súplica que pueda ser rechazada o desechada—. Él ruega con autoridad ante el trono de su Padre, le muestra sus propias heridas, y el corazón del Padre siempre cede a la intercesión del Hijo. Usted tiene un gran Salvador, ya que Él es un gran intercesor. Y además de eso, tiene todo el poder en sus manos. Las llaves de la muerte y del infierno están en su cintura y el principado sobre su hombro, y se llamará su nombre Admirable, Consejero, Dios fuerte. ¡Qué Salvador tenemos! ¿Nos atrevemos a dudar de Él? Cuando nos ponemos en sus manos, ¿acaso no hay fin a nuestros temores? Ello es porque Jesús es poderoso para salvar.

Y añade la breve frase: «*que los libre*». Dios no envió a Cristo casualmente. Él no vino a salvar a los que tal vez pudieran ser salvos, sino que vino con su ojo de amor eterno puesto en aquellos por quienes fueron derramadas sus preciosas gotas de sangre. Él ganaría éstos por el poder de su brazo, los libraría de las garras del león, porque con la sangre de su corazón los ha redimido. Que el Espíritu de Dios injerte la palabra *libre* en su corazón. Él le librará de toda tentación, de toda prueba, de toda aflicción y de la muerte misma.

La gracia transforma

El versículo dieciocho reza: «En aquel tiempo habrá cinco ciudades en la tierra de Egipto que hablen la lengua de Canaán». El sentido espiritual es que la gracia de Dios hará que los hombres hablen el idioma puro y santo que es la marca del hijo de Dios. Cuando la gracia de Dios alcanza a una persona, los amigos lo descubren por su conversación. El hombre que no podía hablar sin blasfemar ya no lo hace. La lengua orgullosa hablará tan humilde y amablemente que otros apenas reconocerán a esa persona. El que hablaba con lenguaje sugerente y manifestaba deseos lascivos ni siquiera oirá tales cosas y mucho menos las mencionará, porque es una vergüenza para un cristiano hablar de esas cosas. La gracia de Dios lava en seguida la boca de la persona. Su esposa lo sabe, sus hijos lo notan, sus compañeros lo palpan, y algunos pensarán que es un necio por expresarse de la manera en que ahora lo hace. Algo cambia acerca de su conversación de suerte que los hombres prorrumpen: «También éste estaba con Jesús el nazareno... porque aun tu manera de hablar te descubre» (Mat. 26:71, 73). ¿No sería una merced el que Dios cambiara la forma de hablar de algunos en Londres? Incluso nuestros niños en las calles hablan a veces de una manera que congela la sangre. Oh gracia soberana, ven a visitar a éstos, y cambia su lenguaje de Belial y Babilonia por la lengua de Canaán, porque Dios les dará labios puros.

La gracia dispone a los hombres para el servicio santo

«En aquel tiempo habrá altar para Jehová en medio de la tierra de Egipto, y monumento a Jehová junto a su frontera». El pecador se adora a sí mismo, sirve a su propio placer y a Satanás. Pero cuando llega la gracia de Dios, el hombre comienza de inmediato a servir a Dios, se hace siervo suyo. Miro en derredor y veo familias que adoran juntas donde antes era inimaginable. Veo que otros entregan sus economías a Dios cuando hace pocos años se burlaban de la misma idea. Otros, hace poco se habrían echado a reír si se les hubiera propuesto enseñar en la escuela dominical. Cuando el Señor alcanza el corazón de los hombres, les pone a su servicio y hace que aquellos que más dispuestos estaban a servir a Satanás más dispuestos estén a servir a Cristo.

Oremos por la gracia de Dios, que toda nuestra vida esté consagrada al Dios viviente. ¡Que nuestro ropaje ordinario sea como vestiduras sacerdotales, nuestras comidas comunes como sacramentos y nosotros como sacerdotes del Dios vivo! ¡Que toda nuestra vida sea un salmo y todo nuestro ser una alabanza al Altísimo! Donde la gracia de Dios se derrama con poder, los peores hombres se convierten en los mejores y más sinceros siervos del Dios viviente. Preste oído al cántico celestial: «Al que nos amó, y nos lavó de nuestros pecados con su sangre, y nos hizo reyes y sacerdotes para Dios, su Padre; a él sea gloria e imperio por los siglos de los siglos» (Ap. 1:5-6).

La gracia enseña a los hombres a orar

El versículo veinte dice así: «Porque clamarán a Jehová a causa de sus opresores». Ésta es una oración que sólo Dios puede enseñarnos. Uno puede aprender fácilmente una oración extraída de un libro, pero una oración que se pueda designar clamor es fruto de la gracia. El clamor es la expresión natural de la angustia. No hay hipocresía en el clamor. Dios siempre enseña a sus hijos a hacer este tipo de oración. ¡Y cuán dulcemente oran las almas que son salvas! Yo creo que las oraciones de los nuevos conversos son una de las cosas más dulces que llegan a nuestros oídos después de los cánticos celestiales. Si somos creyentes desde hace mucho, podemos ser proclives a caer en una manera altisonante de hablar con Dios en oración: algunos hombres que tienen más dones que gracia dedican excesivo tiempo a proferir palabras, palabras, palabras. Pero cómo ha saltado mi corazón al oír clamores del estilo: «Dios, sé propicio a mí pecador», emitidos por alguna alma dispuesta a temblar de pavor por causa de la ira venidera. ¡Qué gozo es oír a un corazón que acaba de hallar a Jesús y alaba y magnifica la sobreabundante misericordia que ha limpiado su pecado! Todo el clero y los ministros de un país no pueden enseñar a un pecador a elevar una oración sincera, pero Cristo sí. Portentos de gracia pertenecen a Dios el Espíritu Santo. El que nos enseña a orar nos enseñará a alabarle en el cielo. El alma que balbucea sinceramente sus deseos a Dios cantará un día con los querubines y los serafines delante del trono eterno.

La gracia instruye a los hombres

Esto se deduce del versículo veintiuno: «Y Jehová será conocido de Egipto, y los de Egipto conocerán a Jehová en aquel día». Ser ignorante de las cosas del Señor es un mal muy grave. Pero es delicioso observar cuán dulcemente puede enseñar el Espíritu Santo. No hay maestro como el Espíritu Santo. Cuando transforma a un pecador por gracia puede hacer tan real a Jesús que la Biblia no es difícil de entender. He visto que muchos se aferran a las Escrituras con delicia y en poco tiempo son bien instruidos en el reino de Dios. «Y todos tus hijos serán enseñados por Jehová; y se multiplicará la paz de tus hijos» (Isa. 54:13), y cuando el Espíritu Santo enseña, son verdaderamente enseñados. Cuando la gracia viene a un hombre, debe conocer al Padre, porque ha sido hecho hijo. Debe conocer al Hijo, porque Él es su única confianza. Debe conocer al Espíritu Santo, porque el Espíritu vive en él y le ha renovado. El hombre sólo puede enseñar a los oídos, pero Dios puede enseñar al corazón. El hombre puede escribir la copia sólo en un libro, pero Dios puede escribirla en las tablas de carne del alma. El Señor puede instruirle con su gracia en la divina enseñanza que le ayudará a estar completo en Cristo y a entrar en su gloria.

La gracia hace que la tribulación misma sea una bendición

Lea el versículo veintidós: «Y herirá Jehová a Egipto; herirá y sanará, y se convertirán a Jehová, y les será clemente y los sanará». Cuando un hombre impío tiene problemas, no tiene nada que le sostenga ni nada bueno surge de su congoja. Pero quizás las más grandes misericordias del corazón renovado por el recibimiento del Salvador sean esas bendiciones disfrazadas. Oí una vez relatar el caso de un mercader muy rico que siendo ya anciano lo perdió todo por causa de una especulación imprudente y cayó en tal pobreza que resolvió suicidarse. Pero antes de acabar con su vida fue movido por curiosidad a escuchar el evangelio de labios de un predicador callejero y tuvo un encuentro con el Señor. Dijo que cuando era rico había despreciado el evangelio, pero estando en lo más bajo, Cristo le había encontrado y dado mayor felicidad con su cruz de la que había disfrutado con su riqueza. ¡Oh!, una vez recibida la gracia de Dios en el corazón, hasta las extremidades fracturadas serán de bendición. La depresión económica que le hundió es ahora algo muy distinto. Quizás su suerte sea muy baja y sus trabajos muy arduos, pero la gracia de Dios embellecerá toda cosa tenebrosa de tal manera que aprenderá incluso a gloriarse en la tribulación. El Señor puede «golpear», pero no le permitirá ser un extraño para Él. Él le hizo hijo suyo y le disciplina. ¡Qué bendición es contar con la gracia de Dios, ver trocar circunstancias adversas en verdadera prosperidad y hacer que sus pérdidas sean ganancias eternas!

La gracia cambia nuestra relación

Vayamos ahora al versículo veintitrés: «En aquel tiempo habrá una calzada de Egipto a Asiria, y asirios entrarán en Egipto, y egipcios en Asiria; y los egipcios servirán con los asirios a Jehová». Tenga en cuenta que los asirios y los egipcios siempre fueron enemigos. Siglo tras siglo hubo disputas y guerras entre ellos. Pero cuando la gracia de Dios les visita, no hay más enemistad. Al contrario, los egipcios irán a visitar a los asirios, y los asirios a los egipcios. ¿No ha visto nunca esto suceder? Dos hermanos están enemistados y no se hablan. Pero la gracia viene a ellos e inmediatamente se visitan el uno al otro para reconciliarse. El evangelio puede derribar barreras. No daría un penique por su religión si está enemistado con alguno. ¿Cómo puede esperar recibir misericordia cuando comparezca delante de Dios? La gracia genuina nos hace perdonar como hemos sido perdonados y restaura relaciones entre los que fueron enemigos mucho tiempo. Un común Salvador nos une en vida y amor divino. No pueden evitar amarse mutuamente. Que Dios ponga fin en el mundo a todas las guerras entre naciones, así como a toda contienda entre individuos. El evangelio puede cambiar de tal manera naciones e individuos por las maravillas de la gracia que los que se aborrecían ahora se aman y los enemigos son ahora amigos.

La gracia bendice a los hombres y les hace ser bendición

Hallará está afirmación en los versículos 24 y 25: «En aquel tiempo Israel será tercero con Egipto y con Asiria para bendición en medio de la tierra; porque Jehová de los ejércitos los bendecirá diciendo: Bendito el pueblo mío Egipto...». El hombre que antes era execrable y una maldición pasa a ser bendecido y bendición. Me deleito en hallar miembros de mi iglesia que intentan hacer el bien, unos de una manera y otros de otra. Pero es mejor que nadie lo sepa más que ellos y Dios; sigan, sigan adelante.

Es obra de Dios salvar almas, y ustedes son obreros que colaboran con Él. Si usted tiene algo que decir del remedio que la sabiduría ha preparado para sanar la enfermedad del pecado, hay millones de personas que lo necesitan. Si ellos no vienen a oír el evangelio, lléveselo a sus casas. Si rechazan al Salvador, que no sea por no haberles buscado. Póngalo en su camino. Enseñe la Palabra a tiempo y fuera de tiempo. Nunca se sabe cuándo o dónde Dios le va a bendecir. Pero nunca se desanime por causa de la maldad o perversidad de la gente a quien intenta bendecir. Si Egipto puede ser salvo, tenga fe por los egipcios. Si Asiria puede ser salva, tenga confianza en el Señor por los que suelen ser peores paganos. Usted recibirá su galardón en ese día cuando Él distribuya de su mano perforada las coronas a los que le sirven fielmente. Recompensas de gracia serán dadas a los creyentes más oscuros y desconocidos, quienes por amor a Él procuraron enseñar a los niños o reclamar al adulto que cayó en pecado. Anímese, su obra de fe y de amor no es en vano en el Señor y hará todavía maravillas para alabanza de su gracia.

«El que viene a mí». Ésta es la cuestión. Hemos de venir a Jesús crucificado y cargado con nuestro pecado. Debemos acudir a Cristo suplicantes delante del trono y constatar que nuestras oraciones son aceptadas. No consiste en ninguna ceremonia o ritual religioso. Tenga en cuenta que no se acerca a ningún otro lugar, porque si se apoya en cualquier cosa que no sea Cristo, perderá la promesa. Pero si edifica nada menos que sobre la sangre y la justicia de Jesús, si mira fuera de sí mismo, sólo a Él, entonces descanse confiado en que no hay otro requisito para acudir en su ayuda. Algunos acuden a Cristo prontamente, otros se toman tiempo para que crezca su fe. Algunos vienen corriendo, otros andando; algunos se arrastran, otros deben ser transportados; pero con tal que vengan, Jesús no les echa fuera. Uno acude con largas oraciones, otro con dos palabras; uno acude con lágrimas, otro sin ellas; uno gime, otro no; uno es movido por una intensa convicción, otro no; uno es sacudido sobre el fuego del infierno, otro es atraído por la hermosura del Salvador; uno tiene que oír los truenos en la cumbre del Sinaí, mientras que otro es atraído desde el Calvario. No parta sobre la piedra de la duda su experiencia ni llegue al punto de preguntarse cómo y cuándo vino. La única cosa realmente importante es que acudió a Cristo.

Capítulo 12

La certidumbre y el frescor de la gracia divina

Todo lo que el Padre me da, vendrá a mí; y al que a mí viene, no le echo fuera —Juan 6:37.

Recuérde siempre que las palabras de Jesucristo están llenas de verdad y de gracia y que en cada una de estas dos frases se encierra la verdad más segura y la más pródiga gracia. Habrá algunos que perciban la verdad de la primera frase y la estimen en gran manera. Leen las palabras: «Todo lo que el Padre me da, vendrá a mí», y dicen: «Sí. Esta doctrina es sublime. Aquí está la seguridad del pacto, el propósito de Dios llevado a cabo eficazmente. He aquí la verdad que amamos y la gracia en la que nos gloriamos». Otros pasan por alto la primera frase no sea que suscite preguntas demasiado enrevesadas y se aferran a la segunda: «al que a mí viene, no le echo fuera». Dicen: «Esto es. Aquí hay universalidad de descripción. Invitación magnánima. He aquí un flujo generoso de largueza. Esto es ciertamente el evangelio». Y proclamando la segunda frase, descuidan la primera.

Pero no hemos de confrontar entre sí dos textos de Escritura, ni intentar dividir el niño vivo de la revelación. Es *uno* e igualmente glorioso en todas sus partes. Usted que desea que el evangelio sea predicado a los pecadores, no tema las doctrinas de la gracia soberana. Usted que ama la gracia soberana, no tema la generosa invitación del evangelio y la espaciosa puerta que Jesús abre a los pecadores necesitados en muchos pasajes de las Escrituras. Recibamos toda verdad y estemos dispuestos a aprender toda lección que el Señor haya escrito. Debemos recordar que aunque no podamos todavía conciliar las verdades y conocerlo todo, aún somos mortales. Algunas cosas deben permanecer ocultas para nosotros. Descubramos nuestra ignorancia y desesperanza de ser infalibles y andaremos por la senda de la verdadera sabiduría.

La gracia triunfante en la especialidad

Empezamos analizando el significado de este pasaje: «Todo lo que el Padre me da, vendrá a mí». Percibirá que *el Señor Jesús nos dirige a la posición original de todas las cosas.* Puesto que un pueblo le fue dado por el Padre, resulta claro que sus hijos deben haber estado antes en manos del Padre. Todos los hombres están naturalmente en manos del Padre desde el principio. El Padre los ha formado a todos y creado para su placer. Dios creó absolutamente todas las cosas, y su reino rige sobre todo. Teniendo el derecho de promulgar leyes, conceder recompensas, o amenazar con castigos, a tenor de su voluntad y complacencia, Jehová está sentado en el trono y juzga justamente. Los elegidos están especialmente en las manos del Padre, porque Él los ha escogido. Se describe la elección como prerrogativa del Padre: «Yo te alabo, oh Padre, Señor del cielo y de la tierra, porque escondiste estas cosas de los sabios y entendidos, y las has revelado a los niños. Sí, Padre, porque así te agradó» (Lucas 10:21). Pertenecen, pues, al Padre como Creador, como Gobernador y como fuente y origen de su elección.

¡Cuán a menudo olvidan los creyentes la parte que desempeña el Padre en su salvación! Él es principio fundamental e impulsor de todo. Recuerde que quien primeramente le escogió no fue otro que su Padre que está en el cielo. Aunque nuestro Señor Jesucristo asumió nuestra causa, fue, no obstante, porque el Padre, en primer lugar, por su gran amor, nos dio al Hijo. No olvide la gracia del Padre y nunca cese de cantar su amor.

El Salvador *procede luego a informarnos de una gran transacción.* Afirma que el Padre entregó su pueblo al Hijo y lo puso en manos de Cristo. Como Jesús es Dios, los elegidos fueron siempre suyos, pero como Mediador, Él los recibió de la mano del Padre. He ahí la condescendencia del Padre al tenernos en cuenta y concedernos al Hijo. Y he ahí la infinita misericordia y compasión del Hijo al aceptar nuestras pobres almas de mano del Padre y contarnos como joyas suyas preciosas.

Pero ¿quiénes son «todos» éstos del texto? Dos versículos más adelante tenemos la explicación: «Y esta es la voluntad del Padre, el que me envió: Que de todo lo que me diere, no pierda yo nada, sino que lo resucite en el día postrero» (Juan 6:39). Los concedidos son por decreto librados de la perdición y puestos para gloriosa resurrección, que sólo es eficiente en los escogidos. En Juan 10:27-29, encontramos la misma explicación: «Mis ovejas oyen mi voz, y yo las conozco, y me siguen, y yo les doy vida eterna; y no perecerán jamás, ni nadie las arrebatará de mi mano. Mi Padre que me las dio, es mayor que todos, y nadie las puede arrebatar de la mano de mi Padre». Y, por si esto no quedara suficientemente claro, oímos estas palabras en la oración de Jesús, en Juan 17:6: «He manifestado tu nombre a los hombres que del mundo me diste; tuyos eran, y me los diste, y han guardado tu palabra».

De modo que las personas entregadas eran ovejas traídas para que conociesen la voz del Buen Pastor y le siguieran. Estaban en su mano, y están bien resguardadas y protegidas de todo peligro. Jesús les manifiesta el nombre del Padre y ellas aprenden a guardar su palabra. Vemos que hubo cierto periodo en el que el Dios eterno entregó en manos del Mediador una multitud que nadie podía contar, a quienes había escogido de entre los hombres para ser su posesión y especial tesoro. El texto habla en tiempo *presente*, pero otros versículos hablan en pasado. Por lo tanto, entiéndase que el don de los elegidos para Cristo fue ejecutado en el pasado. Antes que los cielos fueran extendidos o las cimas de las montañas alcanzaran las nubes, Dios había dado un pueblo a Cristo. Pero bien puede decirse que la acción es ejecutada en el presente, ya que Cristo recibe de mano de su Padre a su pueblo en el *tiempo*, así como en la eternidad. Somos, por las palabras de este texto, admitidos en uno de los secretos de la cámara del divino consejo, y nos regocijamos al percibir que los escogidos que pertenecen al Padre fueron transferidos por Él en manos del Mediador.

Jesús también nos asegura que *esta transacción en la eternidad implica cierto cambio en el tiempo.* «Todo lo que el Padre me da, vendrá a mí». Podrán vivir en pecado veinte, treinta, cuarenta, cincuenta, sesenta, setenta años, pero antes de morir serán traídos a Cristo. Venir a Cristo significa aborrecer el pecado y confiar en Él. Venir a Cristo es abandonar toda falsa confianza, renunciar a todo amor al pecado y mirar a Jesús como pilar único de nuestra confianza y esperanza. Ésta es la señal por la que los escogidos en secreto son dados a conocer: por optar públicamente por Cristo, porque el Padre les ha escogido secretamente. Jamás podrá conocer su elección por otros medios. Si humilde y confiadamente viene a Jesús y hace de Él su salvación, que ninguna doctrina sobre la elección le alarme ni le haga retroceder. Usted es uno de los suyos, porque ésta es la marca que Él pone sobre sus ovejas. Y a su debido tiempo oyen su voz, son conducidas por Él a los verdes pastos de la gracia, le siguen a lo largo de su vida y, por fin, son llevadas a las colinas de la gloria.

Observe atentamente que Jesús sugiere que *posee un poder para constreñir a los extraviados a regresar.* «Todo lo que el Padre me da, vendrá a mí». Hay poder y majestad en las palabras *vendrá a mí.* No hay «si», «pero», o «quizá», sino vendrán a mí. Se expone como propósito incondicional y absoluto de Dios y voluntad de Cristo que todos los que el Padre le dio vendrán. «Entonces», dirá usted, «¿Cristo fuerza a los hombres a ser salvos?». Le respondo que no, en el sentido de que ningún hombre fue jamás arrastrado del pelo de su cabeza al cielo. Pero el Señor Jesús, por sus mensajeros, su Palabra y su Espíritu, insta dulce y misericordiosamente a los hombres a entrar para que puedan asistir a su banquete de bodas. Y Él no viola el libre albedrío o la libertad del hombre. Dios trata a los hombres como hombres, y cuando les ata con cuerdas, éstas son cuerdas de amor. Yo puedo ejercer poder sobre la voluntad de otro, y, sin embargo, la voluntad del otro es perfectamente libre. Si muestro a un hombre que ciertos actos redundan en gran manera a favor suyo, él se sentirá constreñido a ejecutarlos, pero seguirá siendo libre para decidir. La divina gracia no hace lo que es incongruente con la libertad o la naturaleza humana. Esto significa que Jesús sabe cómo someter al hombre con argumentos irresistibles dirigidos a su entendimiento, con poderosas razones que apelan a los afectos, y por la misteriosa influencia del Espíritu Santo que opera sobre todas las potencias y pasiones del alma. «Porque las armas de nuestra milicia no son carnales, sino poderosas en Dios para la destrucción de fortalezas, derribando argumentos y toda altivez que se levanta contra el conocimiento de Dios» (2 Cor. 10:4-5). Forman la artillería invencible del amor de Cristo y de la espada del Espíritu que es la Palabra de Dios.

El Espíritu Santo propone una influencia que hace que los hombres estén dispuestos en el día del poder de Dios. Aunque el diablo cause estragos, la voluntad humana se empecine y las tentaciones excedan hasta el último grado de intensidad, con todo, las almas que han sido contadas en el pacto de la gracia *serán* traídas a los pies de la cruz y exclamarán: «¿Qué debo hacer para ser salvo?».

Para concluir los comentarios a la primera frase, *el Salvador declara que no hay excepción a esta ley de la gracia.* Él asegura: «Todo lo que el Padre me da, vendrá a mí». No *algunos* de ellos, sino *todos.* Se descubrirá, cuando la trompeta del arcángel suene en la tierra y el cielo, que toda alma que Dios ha ordenado para vida eterna ha obtenido vida eterna para su alabanza y honor. Tal es el grandísimo consuelo de los que predican la Palabra. Día tras día proclamamos la verdad del Maestro, y sin embargo, en gran medida, exclamamos con Isaías: «¿Quién ha creído a nuestro anuncio? ¿Y sobre quién se ha manifestado el brazo de Jehová?» (Isa. 53:1). Hay muchas personas que se resisten y hacen oídos sordos a las advertencias del evangelio. ¿Hemos faenado en vano? No, en modo alguno. El propósito de Dios se ha cumplido ciertamente en cada jota y cada tilde, y la voluntad del Maestro se cumplirá clara y exactamente en cada punto. Por lo tanto, no laboramos con corazón compungido ni predicamos con espíritu de cobardía a este respecto. Los grandes planes de la misericordia soberana no se verán frustrados por la enemistad del hombre. Jehová obtendrá finalmente la victoria. Algunos podrán rechazar la invitación del Maestro, pero hay miles de millares que serán lavados en la sangre de Cristo y se regocijarán en su poder para limpiar.

Si bien se entiende la primera frase de este texto, abarca *la doctrina de la elección* —algunos fueron dados por el Padre a Cristo—.

Comprende *la doctrina del llamamiento efectivo* —los que fueron dados deben venir y vendrán—. Y también enseña *la indispensable necesidad de la fe*. Porque incluso los que son dados a Cristo no son salvos a no ser que vengan a Él. No hay otra puerta al cielo salvo Jesucristo mismo. No debo esperar ser salvo por mi moralidad, integridad o generosidad. Es el requisito indispensable para príncipes y plebeyos, para sabios e ignorantes, para instruidos e incultos, para los más virtuosos y los más viles que vengan, tal como están, y acepten la misericordia de Dios, gratuitamente presentada a ellos en la persona de Cristo Jesús. Por esta señal son conocidos los escogidos de Dios.

Gracia triunfante en su liberalidad

Sigamos adelante para explorar el significado de la segunda frase: «al que a mí viene, no le echo fuera».

Fíjese en la liberalidad de *carácter*: el que *«a mí viene»*. Quiere decir el rico, el pobre, el grande, el insignificante, el moral, el envilecido que se ha hundido en los peores crímenes, los que han ascendido a las más altas virtudes y todos los que se asemejan a los demonios. Cualquiera que viene a Cristo no será echado fuera. *Venir* es *dejar* algo para *ir a hacer* otra cosa. Se abandona todo otro terreno de confianza y se pone a Cristo como única esperanza. Acudimos a su sangre para ser lavados, a su justicia para ser limpiados, a sus heridas para ser sanados, a su vida para vida eterna y a su muerte para muerte de nuestros pecados. El que piense que ha llegado más lejos en el pecado puede ver que este texto proporciona una puerta de misericordia abierta de par en par que ninguno que entra puede cerrar.

John Newton fue un blasfemo de tal calibre que hasta los marineros del barco que navegaba en medio de una tormenta dijeron que jamás zarparían de puerto alguno con un pecador como él a bordo. Pero vino a Cristo y no fue echado fuera sino que vivió para predicar la Palabra. John Bunyan era tan grosero que incluso una malvada mujer de la calle que pasó a su lado declaró que él solo bastaba para corromper toda la parroquia. Bunyan vino a Cristo y no fue echado fuera, sino que vivió para tener el honor de sufrir por su Maestro y ganar multitudes de almas para Él. Saulo de Tarso se contaminó con la sangre de los santos y fue un terror para la iglesia, pero cuando cayó sobre su rostro y clamó por misericordia, no fue echado fuera. Cualquier clase de individuo —no importa cuán malvado o cuán bueno— que venga a Cristo no será echado fuera. La cuestión es si usted está dispuesto a venir.

El siguiente punto de la liberalidad está en la *venida*. «El que viene *a mí*». Ésta es la cuestión. Hemos de venir a Jesús crucificado y cargado con nuestro pecado. Debemos acudir a Cristo suplicantes delante del trono y constatar que nuestras oraciones son aceptadas. No consiste en ninguna ceremonia o ritual religioso. Tenga en cuenta que no se acerca a ningún otro lugar, porque si se apoya en cualquier cosa que no sea Cristo, perderá la promesa. Pero si edifica nada menos que sobre la sangre y la justicia de Jesús, si mira fuera de sí mismo, sólo a Él, entonces descanse confiado en que no hay otro requisito para acudir en su ayuda. Algunos acuden a Cristo prontamente, otros se toman tiempo para que crezca su fe. Algunos vienen corriendo, otros andando; algunos se arrastran, otros deben ser transportados; pero con tal que vengan, Jesús no les echa fuera. Uno acude con largas oraciones, otro con dos palabras; uno acude con lágrimas, otro sin ellas; uno gime, otro no; uno es movido por una intensa convicción, otro no; uno es sacudido sobre el fuego del infierno, otro es atraído por la hermosura del Salvador; uno tiene que oír los truenos en la cumbre del Sinaí, mientras que otro es atraído desde el Calvario. No parta sobre la piedra de la duda su experiencia ni llegue al punto de preguntarse cómo y cuándo vino. La única cosa realmente importante es *que acudió* a Cristo.

Observe la generosidad *en el tiempo*. «El que viene». No dice *cuándo*. Podemos tener siete años, o setenta, cuando venimos. Su candela puede ser poco más que un pabilo, pero Él no lo apagará. Y el tiempo no agota la provisión de la misericordia de Cristo. Han transcurrido casi dos mil años y no hay nada viejo o decrépito en el amor de Cristo. Nunca es demasiado tarde. Dios espera para tener gracia con los brazos extendidos. Si viene, Él no le echará fuera.

Fíjese, además, que no hay límite a la *duración* de la promesa. El original reza así: «No, no te echaré fuera», o «nunca jamás te echaré fuera». Esta es una misericordia que dura para siempre. Suponga que el creyente peca después de venir. «Si alguno hubiere pecado, abogado tenemos para con el Padre, a Jesucristo el justo» (1 Juan 2:1). Suponga que el creyente apostata. «Yo sanaré su rebelión, los amaré de pura gracia; porque mi ira se apartó de ellos» (Oseas 14:4). Pero los creyentes pueden caer en tentación. Dios «no os dejará ser tentados más de lo que podéis resistir, sino que dará también juntamente con la tentación la salida, para que podáis soportar» (1 Cor. 10:13). Pero el creyente puede caer en pecado como hizo David. Sí, pero «purifícame con hisopo, y seré limpio; lávame, y seré más blanco que la nieve» (Sal. 51:7). Cristo nunca permitirá que el que haya estado en sus manos sea arrebatado. «Yo les doy vida eterna; y no perecerán jamás, ni nadie las arrebatará de mi mano» (Juan 10:28). ¿No es ésta una misericordia preciosa? ¡Moraremos para siempre! No hemos recibido el espíritu de esclavitud, sino el espíritu de adopción por el que clamamos: «¡Abba Padre!».

Con todo, aún no hemos agotado el texto. Parte de la largueza de este pasaje se halla en su *certidumbre*. «En modo alguno será echado fuera». Es *una certidumbre* el que Cristo le acepta. Si sólo hubiera una pequeña sombra de esperanza respecto a que Jesucristo tiene misericordia de un pobre gusano como yo, ¿no iría a su presencia contra toda esperanza? *Pero* no cabe ninguna duda. *No puede perecer si va.* Tomamos la medicina que nos prescribe el médico esperando que nos cure. He aquí el agua que *saciará* su sed. Las palabras «en modo alguno» son un gran martillo con que desmenuzar sus temores. No es posible mencionar forma o figura alguna de temor que estas palabras no destruyan en el acto: «En modo alguno será echado fuera». Desearía tener lengua de ángeles para expresar esta generosidad. El diablo podrá ofrecerle veinte razones para no aceptar, pero la palabra de Jesús es suficiente.

Hay también gran liberalidad en el texto si percibe *su personalidad*. Jesús emplea una palabra amplia en la primera frase: «*Todo* lo que el Padre me da, vendrá a mí». Pero en la segunda frase, emplea una palabra que significa solo uno: «*al* que a mí viene». Esta forma es personal. No está hablando a un grupo grande, sino que nos invita a venir individualmente. El Salvador murió en lugar de los pecadores. ¿Le resulta difícil confiar en que Dios se hizo hombre para mostrarle su amor personal? Vaya a Él y jamás será echado fuera. Su cielo está asegurado. Usted se sentará a la diestra de Dios y cantará el nuevo cántico de los santos con vestiduras blancas. Que el poderoso Espíritu de Dios descienda y marque la diferencia mientras usted mira al Salvador en la cruz. Si le mira, nunca perecerá, sino que tendrá vida eterna.